Buch

Positiv in den Tag ist die Antwort des berühmten Vaters des Positiven Denkens, Norman Vincent Peale, auf den Brief eines Lesers, der von seinen Erfolgen durch das Positive Denken berichtete, jedoch einräumen mußte, es falle ihm schwer, dieses Prinzip im Alltag zu leben.

Die Antwort auf die Frage, wie es gelingen kann, die Kraft des Positiven Denkens täglich von neuem zu erfahren, steht im Zentrum dieses Buches. Peale stellt 12 Leitlinien vor, die helfen, den positiven Zugang zum Leben auch bei auftretenden Schwierigkeiten oder scheinbaren Rückschlägen zu meistern. Seiner Grundthese folgend, daß wir Menschen *alles* in uns tragen, um glücklich zu sein, erläutert Peale anschaulich in vielen praktischen Beispielen, wie wir mit Motivation, Enthusiasmus und Inspiration dem Leben immer wieder neu positiv begegnen können. Am Ende jedes Kapitels werden die positiven Denkansätze thesenartig zusammengefaßt und als Aufforderungen zu konstruktivem Denken und Handeln im Alltag formuliert.

Mit »Positiv in den Tag« liefert Peale die umfassende Antwort auf eine Frage, die sich schon viele von uns gestellt haben.

Autor

Norman Vincent Peale, Jahrgang 1898, arbeitete zunächst als Journalist. Während seines Theologiestudiums, das er selbst als »abschließende Phase der Selbstfindung« bezeichnet, formulierte er bereits die ersten Ansätze seiner positiven Lebensphilosophie, die er erstmals 1952 mit dem immens erfolgreichen Buch »Die Kraft Positiven Denkens« erstmals einer breiten Öffentlichkeit vorstellte. Aufgrund seiner Publikationen und vieler Auftritte in Rundfunk und Fernsehen erlangte Peale in den USA außerordentliche Bekanntheit. Seine Werke sind mittlerweile weltweit verbreitet (Übersetzungen in achtzehn Sprachen).

Bereits bei Goldmann erschienen:
Aufforderung zum Glücklichsein (11891)
Begeisterung wirkt Wunder (12061)
Das Buch der Lebensfreude (12072)
Darum seid getröstet (11884)
Heute fängt dein Leben an (11815)
Leben kann Freude sein (11823)

Norman Vincent
PEALE

POSITIV IN DEN TAG

Der Führer zu einem glücklichen, erfüllten Leben

Aus dem Englischen übertragen
von Olivia de Seijo

GOLDMANN VERLAG

Originaltitel: The Positive Principle Today
Originalverlag: World's Work Ltd., The Windmill Press,
Great Britain

Der Goldmann Verlag
ist ein Unternehmen der Verlagsgruppe Bertelsmann

Made in Germany · 4/91 · 1. Auflage

Umschlaggestaltung: Design Team München
Umschlagfoto: Schräml München
Druck: Elsnerdruck, Berlin
Satz: Uhl + Massopust, Aalen
Verlagsnummer: 12091
Lektorat: Brigitte Leierseder-Riebe
Herstellung: Heidrun Nawrot
ISBN: 3-442-12091-8

Inhalt

Vorwort

Dieses Buch verfolgt ein bestimmtes Ziel. Ich ertappte mich dabei, wie ich Menschen, denen es gut ging, die ihre Ziele und was sie sich vorgenommen hatten auch erreichten, sagte: »Mach nur so weiter.« Denen, die anscheinend auf dem richtigen Weg sind, pflege ich gern zu sagen: »Mach nur so weiter.« Aber ich ermutigte auch Menschen, die sich nur noch mit einem kleinen Teil ihres anfänglichen Enthusiasmus dahinschleppten dazu, das Positive Prinzip zu erinnern – und »nur so weiter zu machen«.

Doch dann war unter den Hunderten von Briefen, die ich erhielt, ein besonderer. Die Frage, die in ihm gestellt wurde, führte mich in eine tiefe Untersuchung und Erforschung des Positiven Prinzips und wie man es aufrecht erhält:

Lieber Mr. Peale,
ich habe so viele motivierende und inspirierende Bücher gelesen, wie ich nur irgendwie finden konnte, unter anderen Ihres. Sie heben mich auf eine höhere mentale Ebene und feuern mich an, alles mit Begeisterung anzugehen.

Das Resultat ist, daß ich in meiner Arbeit und in meinem Leben glücklicher geworden bin. Doch ich kann diese Inspiration nicht lange aufrechterhalten, vor allem, wenn es Probleme und Schwierigkeiten gibt. Diese erschöpfen meine gute Laune, und plötzlich fühle ich mich wie ein Ballon, aus dem die Luft heraus ist – so richtig schlecht.

Ich weiß, Sie finden mich vielleicht unbeständig

und oberflächlich. Und vielleicht haben Sie recht. Doch gleichzeitig bin ich für motivierende und inspirierende Lehren wirklich ansprechbar. Mich würde interessieren, wie ich mir das Positive Prinzip auch durch die zäheren Erfahrungen, die jeder von uns macht, hindurch bewahren kann. Sie und andere Autoren haben die Kraft, meinen Geist zu aktivieren. Sagen Sie mir bitte, wie ich ihn immer wieder anregen kann; wie ich Inspiration ständig erneuern kann, um bestimmten Situationen oder deprimierenden Augenblicken zu begegnen. Ich möchte einfach wissen, wie ich meine Motivation aufrechterhalten kann – immer! Und ich wäre Ihnen wirklich sehr dankbar, wenn Sie mir das sagen könnten!

Dieser Brief drückt ein ewiges menschliches Problem aus; die Tendenz, in schwierigen Situationen auf mentaler Ebene abzusinken, ist allgemein verbreitet.

Deshalb hoffe ich, dieses Buch wird Sie nicht nur dazu inspirieren und motivieren, siegreich zu denken, zu handeln und zu leben. Sondern es wird Ihnen immer helfen unter allen Umständen vitaler und glücklicher leben zu lernen.

Ihr Norman Vincent Peale

Einleitung

Was ist das Positive Prinzip?

Die menschliche Natur unterliegt der Tendenz, zu werden, was wir uns vorstellen oder was wir zu sein glauben. Wir werden so, wie wir uns einschätzen: gut oder schlecht. Wir selber entscheiden, ob wir uns selber begrenzen oder ob wir unbegrenzte Wachstumsmöglichkeiten haben.

Der negative Denker vollführt letztlich einen selbstzerstörerischen Prozeß. Indem er ständig negative Gedanken aussendet, aktiviert er die Welt um sich herum auf negative Weise. Das Gesetz der Anziehung bedeutet, daß Gleiches Gleiches anzieht. Gleiche Gedanken haben eine natürliche Affinität. Der negative Denker zieht unweigerlich negative Resultate auf sich, indem er negative Gedanken projiziert. Dies ist ein eindeutiges und unveränderliches Geistiges Gesetz.

Im Gegensatz dazu sendet der positive Denker ständig positive Gedanken aus, zusammen mit vitalen geistigen Vorstellungen von Hoffnung, Optimismus und Kreativität. Somit aktiviert er die Welt um sich herum auf positive Weise und zieht positive Resultate auf sich. Auch dies ist ein grundlegendes Geistiges Gesetz.

Doch der negative Denker kann seine Resultate auf dramatische Weise verändern, indem er seine bisherige Art zu denken radikal ändert.

Das Positive Prinzip ist der lebensbeeinflussende Prozeß der mentalen oder spirituellen Veränderung, wobei das Individuum aus seiner Vorstellung der Selbstbegrenzung in eine neue Vorstellung der Selbstverbesserung hineinwächst, aus dem Zersetzen ins Wachstum, aus dem Scheitern in den Erfolg hinein.

Positives Denken ist vollständig gesundes Denken. Es bedeutet, direkt und kreativ mit den reellen Tatsachen menschlicher Existenz fertig zu werden. Der Positive Denker beachtet jede Schwierigkeit und sieht ihr geradewegs ins Gesicht. Er schreckt nicht vor ihr zurück und versucht nicht, vor ihr zu fliehen. Er weiß, daß jedes Problem in sich den Samen seiner eigenen Lösung trägt. Und er weiß auch, daß er durch Gottes Hilfe und das Freiwerden seiner eigenen inneren Kraft alles hat, was er braucht, um seine Probleme zu behandeln und zu lösen. Ein gesund denkender Mensch blickt Schwierigkeiten angstlos und voller Vertrauen ins Gesicht. Der Positive Denker reagiert nicht emotional, wenn er in Schwierigkeiten ist, denn er erkennt, daß der menschliche Geist nicht am besten funktioniert, wenn er erregt oder rein emotional bestimmt ist. Er weiß, daß nur durchdachte, rationale und intellektuelle Konzepte ausgewogene und machbare Lösungen ermöglichen.

Das Positive Prinzip gründet sich auf der Tatsache, daß es immer eine richtige Antwort gibt und daß diese Antwort stets durch einen gesunden intellektuellen Denkprozeß gefunden wird. Natürlich muß das Negative auch vorhanden sein, um das Gleichgewicht aufrecht zu erhalten. Unsere menschliche Struktur beinhaltet diese Gegensätze. Im Bereich der Gedanken bedeutet das Negative eine wichtige Erwägung von Alternativen. Doch wenn das Negative zum kontrollierenden Element des Denkens wird, kippt das Gleichgewicht zu Ungunsten des Positiven, und die negativen Aspekte nehmen überhand.

Das negative Prinzip negiert. Das Positive Prinzip erschafft. Das negative Prinzip zweifelt. Das Positive

Prinzip glaubt. Das negative Prinzip nimmt die Niederlage an. Das Positive Prinzip gibt sich nur mit dem Sieg zufrieden.

Das Positive Prinzip basiert auf solide Weise auf spiritueller Wahrheit. Es ruht fest auf diesem dynamischen Satz: »Dies ist der Sieg, der die Welt überwindet, sogar unseren Glauben.«*

* Johannes 5,4

1 Aktivieren Sie persönliche Kräfte!

Um ein erfolgreiches Leben zu führen, müssen wir das Positive Prinzip beherrschen und die Fähigkeit entwikkeln, es aufrechtzuerhalten. Damit können wir dauerhaft Motivation, Enthusiasmus und Inspiration erhalten und sie jeden Tag immer wieder erneuern. *Dies ist die zentrale Botschaft dieses Buches!*

Um diese Botschaft zu unterstützen, stelle ich Ihnen verschiedene Techniken vor, die die Menschen, denen ich begegnet bin, als besonders effektiv empfunden haben.

Um das Positive Prinzip zu erhalten, ist es wichtig, Ihre Begeisterungsfähigkeit immer und unter allen Umständen zu erhalten. Die Schläge und die Launen des Schicksals im persönlichen und im Geschäftsleben können, wenn wir es zulassen, unsere Begeisterung ersticken und unsere positive Haltung schwächen. Diese Erosion des Geistes ist ein Prozeß der Zersetzung, den jeder kreative Mensch vermeiden möchte. Deshalb ist es wichtig, ein Programm zu haben, das uns hilft, uns immer wieder inspirieren zu lassen. Ein systematisches und beständiges Erneuern des vitalen Geistes ist nötig, um die Begeisterung und Motivation auf höchstem Niveau zu erhalten.

Jeder kann lernen, ein Positiver Denker zu werden! Ihr Leben bekommt eine neue Bedeutung, Sie werden erfolgreicher in Ihrer Arbeit; Begeisterung hebt Sie auf eine höhere Ebene; Dinge fließen Ihnen zu, anstatt von Ihnen weg. Und dennoch können unvorhersehbare Schwierigkeiten auftauchen, Probleme deutlich werden, können Sie persönliche Rückschläge erleiden. Gerade dann ist es wichtig, den Positiven Standpunkt zu bestärken, indem Sie bewußt Ihre Inspiration und

Begeisterung erneuern. Dieses Buch gibt Ihnen einfache und durchführbare Prinzipien an die Hand, die Ihnen helfen, die vitale Motivation in Gang zu halten – gerade auch unter ungünstigen Umständen. Es zeigt Ihnen, wie Sie in unterschiedlichsten Situationen Ihre persönlichen Kräfte organisieren können, um effektiv zu handeln.

Einer der hervorragenden Positiven Denker, der die Notwendigkeit »erneuerbarer« positiver Haltungen unterstreicht, ist Dr. Jan S. Marais aus Kapstadt, Vorsitzender der Trust Bank. Dr. Marais gründete vor wenigen Jahren diese Bank in einem bescheidenen Büro. Durch solide Prinzipien des Bankgeschäfts und moderne Verfahrensweisen entwickelte er die Trust Bank zu einer der großen wirtschaftlichen Einrichtungen der Welt. Er benützte dafür Positives Denken, Enthusiasmus und die Fähigkeit der Geschäftsführung, um den herausragenden Erfolg, den er und seine Geschäftspartner haben, zu erreichen. Kürzlich schrieb er mir:

Aufgrund meiner persönlichen Erfahrungen und der meiner Kollegen, kann ich nur sagen, daß Inspiration und Motivation die reinste Nahrung sind. Man muß sie täglich einnehmen, in gesunden Mengen. Sonst verläßt einen die Kraft, man wird müde, deprimiert, verliert jeden Ehrgeiz und den Wunsch, etwas zu erreichen. Dies macht sich bald bemerkbar. Ihre Bücher sind obligatorische Gefährten der führenden Gruppe der Trust Bank.

Dieser einflußreiche Geschäftsleiter ist ein kluger und verständnisvoller Mann. Er weiß, daß die äußerst wichtigen Eigenschaften, Inspiration und Begeisterung, nicht selbstverständlich sind; sie können oft stark nachlassen und müssen deshalb jeden Tag durch neue Aufnahme motivierten Denkens erneuert werden. Es ist notwendig, die persönlichen Kräfte ständig zu aktivieren und wieder zu aktivieren, sie zur Handlung zu zwingen, damit sie weiterlaufen. Das Positive Prinzip muß ständig genährt werden.

Die unbegrenzte Kraft Ihrer Persönlichkeit

Ein Hörer unserer Radiosendung berichtete mir über einen faszinierenden Artikel: Ein gewöhnlicher Quarz vibriere 4 194 302 mal in der Sekunde, wenn er einen elektrischen Reiz erfährt. Wenn ein normaler Kristall auf einen Reiz so außergewöhnlich reagiert, was kann man dann von dem Geist eines Menschen erwarten, dessen Kräfte wirklich aktiviert werden? Unser Potential ist eindeutigerweise unbegrenzt!

Wir wissen inzwischen durch die Forschungen von Psychologen und Wissenschaftlern, daß der durchschnittliche Mensch nur ungefähr zwanzig Prozent seiner geistigen Kräfte benützt; sogar Genies verwenden nur einen Bruchteil mehr. Es scheint unglaublich, daß wir Menschen, denen die Natur ein so hohes Potential gegeben hat, nur ein Fünftel davon gebrauchen, um unsere Probleme zu konfrontieren oder um unseren Weg in dieser Welt zu machen.

Womöglich trifft es zu, daß der durchschnittliche Mensch eine beschränkte Vorstellung von sich selbst und seinen Fähigkeiten hat. Er kommt gar nicht auf den Gedanken, er könne möglicherweise dieses Potential entwickeln; er sei in der Lage, durch kreatives und Positives Denken mehr Macht und bessere Fähigkeiten hervorzubringen. Tatsächlich steckt viel mehr Kreativität und Kraft in jedem von uns, als wir es meist erkannt oder auch nur als Möglichkeit in Betracht gezogen haben. Man erinnere sich an den Einblick des großen Denkers der Antike, Marcus Aurelius, der sagte: »Grabe innen nach, dort liegt die Quelle des Guten. Grabe immer nach, und sie wird immer fließen.«

Der Schriftsteller Kermit W. Lueck berichtet uns von einem bewußtlosen Lastwagenfahrer, der in der brennenden Kabine eines umgekippten Tankwagens eingeklemmt war. Nicht einmal die starken Männer der zusammengekommenen Menge waren in der Lage, die Kabine, die durch den Zusammenstoß verzerrt war, zu öffnen. Doch plötzlich tauchte ein durchschnittlich großer Mann auf, packte den Türgriff und riß die Tür mit einem festen Ruck auf. Er kletterte in die Kabine, die schon von Flammen umringt war, trat gegen die Pedale, um die Füße des bewußtlosen Fahrers frei zu bekommen, bog seinen schmalen Rücken gegen das eingedrückte Dach und zog den Fahrer heraus. Als man sich später fragte, wie ein Mann seiner Statur dies bewerkstelligen konnte, erklärte er, daß seine zwei Kinder bei einem Brand ums Leben gekommen waren. Seitdem haßte er Feuer leidenschaftlich.

Als er diesen hilflosen Mann in dem hochentzündlichen Tankwagen eingeklemmt sah und wußte, daß dieser jederzeit in Flammen aufgehen konnte, brachte seine Abneigung gegen das Feuer ungeahnte Kraft in ihm hervor. Die Krisensituation mobilisierte ein schier übermenschliches Potential in ihm. Wäre es nicht jedoch präziser, dies als »normale« menschliche Kraft anzusehen, die nur bisher nie gebraucht worden war? Wenn eine solche Kraft in einer Krisensituation hervorkommen kann, so bedeutet das, daß sie da ist, aber daß wir sie nicht zu allen Zeiten anzapfen können.

Warum sind wir aber – scheinbar – nicht immer dazu in der Lage? Die Antwort mag sein, daß unser Glaube, unser Vertrauen und unsere Gedanken nicht intensiv genug sind. Wenn wir solche Intensität entwickeln, können wir nicht davon ausgehen, daß wir enorme persönliche Kräfte zum Handeln bringen können? Scheint es uns wirklich zu viel erwartet, aus uns selbst Fähigkeiten zu erwecken, von denen wir nie auch nur zu träumen gewagt hatten?

Ein Mann entdeckt sein Leben neu

Der folgende Vorfall fand vor einigen Jahren im Lagerraum einer Buchhandlung in Chicago statt, wo ich eine Signierstunde abhielt. Zu meinen Erstaunen kam Adolphe Krock, der frischpensionierte Firmengründer und Seniorchef, dazu und begann mir zu helfen. »Hab' sonst nichts zu tun«, murmelte er. Er erzählte mir, er habe versucht, sich von seinem Geschäft fernzuhalten, aber jahrzehntelange Gewohnheit zog ihn immer wieder zurück. Alle behandelten ihn gut, erklärte er, und sein Sohn Carl, der jetzt die Firma leitete, gab sich auch immer erfreut, ihn zu sehen. Aber er war sich doch empfindlichst bewußt, daß er inzwischen »draußen« war, daß er nicht mehr wirklich dazugehörte. »Ich bin jetzt nutzlos«, erklärte er traurig, »deshalb bin ich froh, wenn ich wenigstens als Packjunge von Nutzen sein kann.« Dann fragte er plötzlich: »Warum schreiben Sie eigentlich kein Buch über Positives Denken und Pensioniertwerden?« »Ach, das ist nicht mein Gebiet. Ich weiß darüber nicht genug«, antwortete ich und fragte zurück: »Warum schreiben Sie nicht das Buch, jetzt wo Sie pensioniert sind?«

»Ich schreibe keine Bücher, ich verkaufe sie.«

Wir arbeiteten einige Minuten still weiter. Man hörte nur, wie wir die Bücher aufeinander legten und das

Kratzen meines Füllfederhalters. »In Ordnung«, sagte er, »vielleicht könnten Sie dem Trauma des Pensioniertseins gegenüber eine distanziertere Haltung einnehmen. Geben Sie mir einen Rat: Wenn Sie in meiner Situation wären, was würden Sie jetzt tun? Was soll ich tun? Ich bin gesund und habe Kraft, und ich tue gerne Dinge, die nützlich sind. Aber hier bin ich auf einem Plateau in meinem Leben angekommen, von dem aus ich nichts Aufregendes und nichts Nützliches erkennen kann.«

»Na gut, schauen Sie her«, antwortete ich. »Alles, was ich sage, kann den Nagel nicht auf den Kopf treffen. Bedenken Sie bitte, daß ich kein Experte darin bin. Doch ich habe einige Kenntnisse von dem, was andere in Ihrer Situation getan haben, und vielleicht können wir daraus lernen.« Ich sagte ihm, ich fände es weise, die Worte »Pensionierung« oder »Zurückgezogenheit« weniger zu benützen und dafür ein anderes Wort – Neuanpassung – zu gebrauchen und zu betonen. Das Zurückgezogensein impliziert eine beendete Situation. Neuanpassung bedeutet hingegen, daß man weiterhandelt, wenn auch mit anderen Möglichkeiten und vielleicht auf ganz andere Weise.

Ein alter Koreaner erzählte mir einmal, daß die Menschen in seinem Land das Alter von sechzig Jahren als Beginn eines neuen und veränderten Lebens ansähen. Sie betrachten es als Art der Neugeburt und bereiten sich auf neue Aktivitäten vor. »Ich verwandelte mich mit sechzig in einen Wiederauferstandenen«, sagte mir mein koreanischer Freund. »Seitdem bin ich ein neuer Mensch.«

Deswegen schlug ich diesem unglücklichen, zurückgezogenen Seniorchef vor, das Prinzip der Anpassung anzuwenden. Er solle seinem alten Geschäft Lebewohl sagen, sein Haus verkaufen und in einen anderen Teil des Landes ziehen. Er solle sich noch einmal an den Start begeben, als sei er ein Einwandererjunge, der in einem neuen Land ankommt und nach neuen Möglichkeiten Ausschau hält.

»Sobald Sie sich in Ihrem neuen Haus niederlassen, treten Sie einer Kirche bei und sagen dem Pfarrer, Sie wollten ihm helfen; lassen Sie sich ein, machen Sie richtig mit! Kümmern Sie sich um eine politische Gruppe, erzählen Sie den Leuten, Sie wollten aktiv mitarbeiten – treten Sie einem Wohltätigkeitsverein bei! Gehen Sie ganz heraus! Und: Vergessen Sie diesen Buchladen, mit Ausnahme Ihres monatlichen Schecks. Üben Sie das geistige Prinzip ›Man vergesse, was hinter einem liegt und gehe zu dem aus, was noch vor einem liegt.‹«*

Dieser Ratschlag enthielt natürlich nichts Neues, aber das Resultat war einmalig. Der ehemalige Buchhändler nahm den Ratschlag ernst und handelte danach. Und wie!

In der kleinen Stadt an der Westküste, wo er sich niederließ, wurde er Immobilienmakler, Bankier, Leiter eines Wohltätigkeitsvereins und Vorsitzender des lokalen Krankenhauses. Und zwanzig Jahre später war er noch immer dabei. Nur noch einmal kehrte er in seine Heimatstadt zurück – zur Beerdigung eines seiner Zeitgenossen, der sich tatsächlich »zurückgezogen« hatte und »herausgefallen« war, in mentaler, physischer und geistiger Hinsicht.

Mr. Krock übte während seiner Pensionierung Positives Denken mit positivem Resultat aus. Er stellte fest, daß sein Leben keineswegs beendet war. Er zapfte innere Quellen an, die er noch nie zuvor entdeckt hatte, und brachte dabei Fähigkeiten zum Vorschein,

* Philipper 3,13

von denen er gar nicht gewußt hatte, daß er sie besaß. Indem er die Kraft seiner Persönlichkeit zu wiederbelebter Aktion stimulierte, erschuf er sich ein neues und aufregendes Leben. Die Begeisterung und Motivation, die ihn zu einer Leitfigur im Geschäftsleben gemacht hatten, wurden in der »zurückgezogenen« Situation neu eingesetzt.

Lernen Sie, mit den »Wenns« in Ihrem Leben umzugehen!

Es ist sehr wichtig, immer Herr der Situation zu sein, immer selber die Kontrolle zu haben. Denn die menschliche Existenz folgt oft einem unsicheren und veränderbaren Muster. Sie kann sich gegen uns wenden, uns zum Fallen bringen und hart treffen – wenn wir sie nicht in der Hand haben und kontrollieren. Und dennoch ist das Leben, glaube ich, *für* uns und nicht gegen uns. Wenn jeder von uns der Absicht des Schöpfers folgte, wäre der Lebensantrieb wohl immer in unserem Sinne, auch wenn es uns gelegentlich schlecht geht. Denn der große Architekt des Universums schloß Schmerz und Kampf und Schwierigkeiten nicht aus. Er wußte, daß dies uns in unserer Entwicklung zu starken Menschen helfen würde. Kein Mensch kann ohne Kämpfe, ohne das Bemühen, mit Schwierigkeiten und Härte fertig zu werden, wachsen. Um mit dem Leben auf kreative Weise fertig zu werden, werden wir immer wach sein, gedankenvoll und positiv denken müssen. Wir werden die Kraft unserer Persönlichkeit ständig in effektive und wünschenswerte Handlungen wandeln müssen. Wir müssen uns bewußt sein, daß das Leben unsicher, veränderbar und unvorhersehbar ist, weil diese Eigenschaften in uns selber sind.

Ich stellte eines Tages fest, daß im Englischen das Wort »life« – l-i-f-e – ein »*if*« (auf deutsch »*wenn*«) in der Mitte hat. Die mittleren zwei Buchstaben repräsentieren das Konzept der Unsicherheit, das wir mit *if* bzw. *wenn* auf deutsch, bezeichnen. Die Macht des Wortes *wenn* wird täglich in der Sprache vieler Menschen unterstrichen. »Wenn ich dies tue«, »wenn ich jenes tue«, »wenn dies geschieht«, »wenn jenes geschieht«, »wenn ich nur dies nicht gesagt (oder getan) hätte«. Und so geht es weiter und weiter und immer weiter. Das *wenn* wiederholt sich. Kann es wahr sein, daß das halbe Leben ein *wenn* ist? Wie stark auch immer der »Wennfaktor« im Leben ist, umso wichtiger wird es, diese Unsicherheit, diese *wenns*, besser unter Kontrolle zu bekommen und sie zu Sicherheiten zu machen. Damit tragen wir zu unserem größten Potential bei, anstatt von ihm abzulenken.

Auf einer Vortragsreise im Westen traf ich Jeff, einen fünfunddreißigjährigen Mann, der, wie er es ausdrückte, »seit geraumer Zeit in einem Muster des Scheiterns gefangen war.« Nichts schien mehr zu klappen, und dies berührte ihn so sehr, daß er soweit war, die Niederlage und das Scheitern einzugestehen. Er hatte sich in einen negativen »wenn nur« Mann verwandelt, der ständig klagte: »Wenn ich nur diese Dummheit nicht begangen hätte«; »wenn mich nur dieser Mann nicht hineingelegt hätte« – und so fort. Seine Karriere, mußte er gestehen, hing von Launen und Variablen ab, und er hatte keine Kontrolle mehr über die Umstände, die in seinen Augen alle negativ waren und die sich alle gegen ihn zu verschwören schienen. Einige Zeit vor unserem Treffen saß Jeff düster und verstört in seinem Hotelzimmer und hörte einer späten Fernsehshow aus New York zu, in der ich als Gast auftrat. Der Interviewer fragte mich, wie Menschen, die mit ihrer Arbeit nicht fertig werden, sich selbst wieder in den Griff bekommen und mit neuer Motivation wieder anfangen können. Ich schlug vor, seine persönlichen Kräfte durch den intensiven Wunsch, Glauben und das intensive Gebet wieder zu aktivieren. Ich benützte das Wort »intensiv«, um diese Tatsachen von den üblichen laxen Haltungen vieler Menschen zu unterscheiden. Ich erinnere mich daran, James Russel Lowell zitiert zu haben:

Da ich noch immer am Morgen und am Abend betete,...
Betete ich vielleicht nur dreimal in meinem Leben wirklich.
Dreimal fühlte ich, jenseits meines bewußten Selbst berührt,
Die perfekte Entfesselung, die Gott ist...

Wir hatten in dieser Sendung einen stimulierenden Dialog über die Bedeutung dieser Vorstellung, und wir waren uns darüber einig, daß man, wenn man sich jenseits des Verstandes in das Gebiet des Glaubens begibt, seine persönlichen Kräfte neuorganisieren kann.

Zweitausend Meilen entfernt hörte Jeff dieser Fernsehshow zu, die bestimmt nicht in dem Ruf stand, sich mit Gott oder dem Gebet zu befassen. Plötzlich hatte er einen tiefen und erstaunlichen Einblick. Mit einemmal war ihm klar, daß in dieser Formel des intensiven Gebets eine Lösung für sein Scheitern läge. Er reagierte sofort auf die Vorschläge, die wir übers Fernsehen machten, und begann ein Gebets-Glaubensprogramm. Er führte es täglich fort und fand Gott, wie er es nie für möglich gehalten hätte. Die negative *Wenn-Emphase* machte dem Positiven *Wie-Prinzip* Platz.

Anstatt ständig zu zweifeln, besann er sich darauf, *wie* er eine Sache anpacken könne. Das Resultat war eine völlige Neuorganisation seiner Kräfte. Mit diesem persönlichen Wiederaufbau wurde Jeff von einer starken Motivation erfüllt, so daß die Entmutigung nachließ. Nach einiger Zeit entwickelte er einen neuen Sinn für die Kontrolle von Schwierigkeiten. Dieser Mann hatte in der Tat das Geheimnis entdeckt, wie man das Positive Prinzip aufrecht erhält.

Erstaunliche persönliche Kräfte

Zweifellos gibt es die Menschen, die, aus welchem Grund auch immer, an den immensen Kräften zweifeln, die in ihnen schlummern. »Trotz Ihrer für mich schmeichelhaften Einschätzung steckt dies alles nicht in mir. Ich bin ein ganz normaler Durchschnittsmensch.«

Darauf muß ich dann antworten: »Vielleicht durchschnittlich, aber normal eigentlich kaum. Denn das Wort normal bezieht sich auf eine Norm. Und dies wiederum bezieht sich auf ein Leistungsniveau, das wir selber bestimmen. Ob es wohl ›normal‹ ist, weniger zu sein als das Beste? Denn, wenn weniger als das Beste normal wäre, dann wären wir wohl nur selten durch Unzufriedenheit mit uns selber aktiviert. Es würde dann keinen Fortschritt geben.«

Sich mit Selbstbegrenzung zufriedenzugeben würde bedeuten, sich in sich selbst einzuschließen und sich der gottgegebenen Gelegenheit des Wachstums zu verschließen. Deshalb beschwöre ich die Menschen, ihre Aussage: »Ich bin ein Durchschnittsmensch« fallenzulassen. Finden Sie statt dessen einen neuen Blickpunkt für Ihre Persönlichkeit! Dies würde bedeuten, größere

Fähigkeiten zu erkennen, als Sie jemals gedacht hätten. Bewegen Sie Ihre Vorstellung der Norm auf ein höheres Niveau, so wie der Stab beim Hochsprung immer höher gestellt wird. Sie können immer noch weiter ansteigen, denn innerlich sind Sie größer, als Sie meinen. Glauben Sie es ruhig, denn es ist eine schöne, große, wahre, wundervolle Tatsache! Es ist das Positive Handlungsprinzip.

Der berühmte Olympiasieger Bob Richards hält alle Olympiasieger für Menschen, die an sich selbst glauben und damit auch an die persönliche Kraft. Viele Athleten sagen sogar auf den Bruchteil der Sekunde voraus, in welcher Zeit sie das Rennen machen werden. Mark Spitz war überzeugt davon, sieben Goldmedaillen zu gewinnen – und schaffte es. Sieger wie er beweisen, daß es eine große persönliche Kraft gibt, die zu großartigen Handlungen führen kann.

Richards erzählt, wie er in einer Klasse von den Eigenschaften erzählte, die nötig sind, um Sieger im Sport zu werden. Ein rundliches kleines Mädchen mit dicker Brille, die unentwegt auf und ab sprang, unterbrach ihn dabei und sagte, sie würde die beste Tennisspielerin werden. Dieses kleine Mädchen war Billie Jean Moffit, später Billie Jean King, vielleicht die größte Tennisspielerin der Welt. Sie reagierte auf den Gedanken, übermenschliche Eigenschaften zu haben, die man aktivieren kann, wenn man nur mit aller Kraft an diese Idee glaubt.

Bob Richards empfiehlt uns, eine Karte zu schreiben, was wir im Leben sein möchten, es ganz genau zu fassen und die Karte aufzuheben, um sie immer wieder zu lesen und zu betrachten. Das prägt sich dann so tief in unseren Geist ein, daß wir innerhalb von Jahren zu dem werden, was wir uns gewünscht haben. Woody Hayes, der berühmte Fußballtrainer aus Ohio, bekräftigte dieses Prinzip in einem Interview, in dem er mit mir verglichen wurde. Auf die Frage, wie es ihm gelinge, stets die besten Spieler zu haben, sagte er:

Das ist sehr einfach. Wir trainieren und bilden auf einer positiven Basis aus. Wir suchen Qualität, die besten Jungens. Dann setzen wir einen sehr hohen Standard und fordern sie heraus, besser zu sein, als sie sind.

Wenn sie einmal herausfinden, wie sie besser sein können, respektieren sie mich. Ich habe es satt, wie unsere Gesellschaft alle Menschen niedermacht. Ich glaube daran, das Beste in einem Jungen hervorzubringen.

Ein anderes Beispiel erzählt von einer sehr ungewöhnlichen »normalen« Frau und beschreibt deren großartige Erfahrungen mit der Visualisierung oder dem Prinzip der mentalen Vorstellung:

Vor zwölf Jahren wünschte sich Helen Hadsells Mann einen Außenbordmotor, der erste Preis in einem Wettbewerb.

Sie konzentrierte sich – und gewann.

Ihre Tochter wollte ein Fahrrad. Mutter konzentrierte sich darauf – und die Tochter hatte ihr Fahrrad.

Die Familie plante eine Europareise. Die Mutter fand einen Wettbewerb, der Ferien in Europa als Preis versprach. Sie konzentrierte sich – und schon ging's ab nach Europa.

Dreiunddreißigmal konzentrierte sich Mrs. Hadsell darauf, Wettbewerbe zu gewinnen – und dreiunddreißigmal gewann sie. Wie gelang ihr das?

Ich habe alles dadurch gewonnen, daß ich das

Positive Prinzip von Norman Vincent Peale anwende. Seit über 12 Jahren lebe ich danach. Er sagte, wenn man wisse, *was man wolle und man nur lange und intensiv genug darauf beharre, bekäme man auch, was man wolle. Es handelt sich ganz einfach um konstruktives Denken. Aus Dr. Peales Büchern erhielt ich die endlosen Möglichkeiten, die man aus dem Positiven Denken schöpfen kann.*

Das Geheimnis ist, sich immer auf das Endresultat zu konzentrieren; zu denken, daß man das Gewünschte bereits erreicht hat. Wann immer ich mich um einen Preis bemühte, visualisierte ich schon den Scheck in meiner Hand.

Der Zauber des Glaubens

The Magic of Believing (Die Kraft des Glaubens) von Claude Bristol ist für mich eines der wichtigsten Bücher. Ich kannte Mr. Bristol persönlich, war über die Jahre hindurch von dem dynamischen Geist dieses Mannes und seiner Schriften tief berührt. Er glaubte wirklich an das spirituelle Prinzip: »Alles ist möglich für denjenigen, der glaubt.«* Claude Bristol behandelt in seinem Buch die enorme Kraft des Geistes, wenn er durch einen starken Glauben aktiviert und von lähmenden Zweifeln befreit ist. Er war sich der erstaunlichen Kraft des Geistes bewußt, als er sich der Verwirklichung seines spezifischen Zieles verschrieb. Eine der Techniken, die er oft vorschlug, ist, fünf Karten zu nehmen; auf einer von ihnen knapp, aber detailliert zu beschreiben, was man mit Herz und Verstand möchte. Dies soll man dann auf die anderen vier Kar-

* Markus 9,23

ten übertragen. Eine Karte kommt ins Portemonnaie, eine auf den Badezimmerspiegel, eine über den Spülstein in der Küche, eine aufs Armaturenbrett, die letzte liegt auf dem Schreibtisch. Schauen Sie die Karten jeden Tag intensiv an und prägen Sie sich dabei das mentale Bild fest in Ihr Bewußtsein ein!

Tausende von dankbaren Lesern, die sein Buch »verschlungen« und beherzigt haben, können den Erfolg dieser Technik bestätigen. Dieses Buch ist eine der großartigsten Ausführungen des Positiven Prinzips.

Mein Freund Rogert Ferger schrieb seinen Erfolg als Zeitungsverleger Orison Swett Marden zu. Auf die Frage, wie er Herausgeber des *Cincinnati Enquirer* geworden sei, antwortete er mir: Vor vielen Jahren stand ich als junger Mann vor dem Quenn City Club und sah durchs Fenster einen Mann an einem Tisch sitzen. Er war der Redakteur und Herausgeber dieser Zeitung. Dann und dort sah ich mich selbst an diesem Platz sitzen. Ich sah mich in seinem Amt, sah mich seine Arbeit ausführen. Von diesem Augenblick tat ich alles, mein Ziel zu erreichen. Ich glaubte daran, ich glaubte daran, ich glaubte daran. Und ich wurde zum Ausübenden der Macht des Positiven Denkens, die du so lange gelehrt und vertreten hast.

Dann nahm er aus seiner Brieftasche einen verblichenen und etwas ramponierten Auszug aus den Schriften von Orrison Swett Marden und las ihn mir inmitten des rauschenden Verkehrs vor. Ich glaube, ich werde immer seinen Blick enthusiastischen Glaubens erinnern, der sich auf seinem Gesicht widerspiegelte, als er die Worte sprach, die ihn als jungen Mann motiviert hatten und die seine persönlichen Kräfte ein erfolgreiches Leben hindurch aktiviert hatten: Ein Mann, der sich selbst vertraut, der positiv und optimistisch ist und seine Arbeit in dem Vertrauen auf

Erfolg durchführt, magnetisiert seinen Zustand. Er zieht die kreative Macht des Universums auf sich.

Man mag einwenden, daß dies ein außergewöhnlich begabter Mann war, der auch so sicherlich Erfolg gehabt hätte. Deshalb möchte ich Ihnen zur Ergänzung die Erfahrung eines anderen Mannes erzählen, dessen Geschichte für viele der Funken war, der sie auf den Weg brachte, etwas Besonderes aus ihrem Leben zu machen:

Mein Vater war Vertreter, ständig unterwegs. Manchmal verkaufte er Möbel, manchmal Eisen, manchmal Lederwaren. Er änderte jedes Jahr seine Ware.

Ich erinnere mich, wie er Mutter erzählte, dies würde seine jeweils letzte Reise in Wäsche, in Leder oder was immer er gerade verkaufte, sein. Im nächsten Jahr würde alles anders sein, es würde uns besser gehen, er hätte eine Chance bei einer Firma zu beginnen, deren Produkt sich von alleine verkaufen würde. In Wirklichkeit hatte mein Vater niemals ein Produkt, das sich gut verkaufte. Er war immer angespannt, hatte Angst vor sich selbst und mußte im Dunkeln immer vor sich hin pfeifen.

Dann gab eines Tages ein Kollege meinem Vater ein dreisätziges Gebet. Er sagte, er solle es wiederholen, bevor er einen Kunden besuchte. Vater versuchte es, und das Resultat grenzte fast an ein Wunder. Schon in der ersten Woche verkaufte er bei fünfundachtzig Prozent aller Kunden, und auch später war das Resultat erstaunlich.

Vater gab dieses Gebet anderen Vertretern weiter. In jedem Fall brachte es erstaunliche Resultate. Es lautet:

Ich glaube an meine göttliche Führung.

Ich glaube, immer den richtigen Schritt auf dem Weg zu gehen.

Ich glaube, Gott wird immer einen Weg bereiten, wo keiner zu sein scheint.

Ein einfaches Gebet, wie Sie sehen, aber es hat die seltene Macht, die Gedanken und Handlungen zu stimulieren. Unbewußt hatte der einst erfolglose Vertreter eine erstaunliche Quelle des Glaubens an Gott angezapft, des Glaubens an seine Führung und die Macht der Visualisierung. Als Ergebnis veränderte sich seine Persönlichkeit auf dramatische Weise. Seine innere Kraft, die so lange unterdrückt gewesen war, brach in einem unglaublichen Strom effektiver Handlung hervor. Er wurde, im wahren Sinne des Wortes, ein neuer Mann – voller Kraft und Vitalität. Sein persönliches Potential, das so lange geschlummert hatte, wurde dauerhaft für Aktivitäten frei.

Zusammenfassung der Möglichkeiten, wie Sie Ihre persönliche Kraft wecken:

- Motivation ist wie Nahrung. Sie muß täglich und in gesunden Mengen eingenommen werden, um aufrechterhalten zu werden.
- Es ist viel mehr persönliche Kraft da, als Sie sich jemals hätten vorstellen können. Geben Sie sie frei!
- Es gibt zuviele »Wenns« inmitten unserer Existenz. Übernehmen Sie die Kontrolle über all diese ungewissen Wenns!
- Glauben Sie an die persönliche Macht in Ihnen, akzeptieren Sie sie und affirmieren Sie sie!
- Üben Sie sich im kreativen Zauber des Glaubens!
- Sehen Sie sich, stellen Sie sich vor und dann seien Sie *es*!

- Glauben Sie daran, daß das Wunder der Veränderung immer möglich ist – für Sie.
  Glauben Sie, daß es *jetzt* tatsächlich stattfindet.
- Verschreiben Sie sich erneut und völlig dem Positiven Prinzip und meistern Sie die Fähigkeit, es aufrechtzuerhalten!

2 Ihr persönlicher Abschied vom Wort »unmöglich»

Mit Hilfe des Positiven Prinzips werden Sie all Ihre Schwierigkeiten besser in den Griff bekommen. Ich möchte Ihnen gerne die Geschichte von Fred und Jennifer, die in Schwierigkeiten – wirklichen Schwierigkeiten – waren, erzählen. Sie waren schwer verschuldet, und dem Kleiderladen, den sie hatten, schien in jeder Hinsicht der Ruin bevorzustehen.

Es war eine Zeit akuter finanzieller Depression, und ihre Stadt war stark betroffen. Die Summe ihrer unbezahlten Rechnungen erreichte eine gefährliche Höhe. Es kam so wenig Geld herein, daß sie die Rechnungen ihrer Lieferanten nicht mehr bezahlen konnten.

Eines Tages saßen Fred und Jennifer bedrückt in ihrem kleinen Büro und schauten ihre Rechnungen durch. Es schien alles ziemlich sinnlos. Keine Kunden im Laden – das Geschäft öde und heruntergekommen. Dann geschah etwas völlig Unerwartetes und sehr Aufregendes...

Ein Freund des Paares, ein prominenter Chemiker, hatte plötzlich das Gefühl, bei Fred und Jennifer vorbeischauen zu müssen.

Alfred Cliffe fand das junge Paar in tiefer Verzweiflung. Auf seine unnötige Frage: »Wie geht das Geschäft?« nahm Fred ein Stück Papier, schrieb mit großen Buchstaben darauf »unmöglich« und legte es vor seinen Freund. Dieser betrachtete das Wort und sagte dann gedankenvoll: »Laß uns das Wort ›unmöglich‹ anschauen. Laß uns einfach nur sehen, was wir damit tun können, um ihm nicht zu erlauben, uns in Beschlag zu nehmen.« Er nahm einen großen schwarzen Bleistift und zeichnete zwei Linien. Eine durch das »u«, die andere durch das »n«. Das Wort »möglich«, vom »un« befreit, stand nun klar und deutlich da. »Nichts, nichts ist unmöglich, wenn ihr nicht glaubt, es sei unmöglich. Also laßt uns beginnen, nur das Mögliche zu sehen. Laßt uns das Positive Prinzip auf eure Situation anwenden.« Cliffe nahm die oberste der Rechnungen, die auf ihr eigenes Konto überwiesen werden sollte, und las: »John Abbot. Was wißt ihr über John Abbot? Hat er Frau und Kinder? Wie geht es ihm wohl in seinem Geschäft?«

»Wie soll ich das wissen?« maulte Fred. »Er ist nur ein Kunde, und außerdem zahlt er langsam.«

»Ich sag euch was«, antwortete Cliffe. »Sucht seine Nummer aus dem Telefonbuch heraus und ruft ihn an, um zu sehen, wie die Dinge stehen. Tut es jetzt.«

Unwillig tat Fred das Gewünschte und führte ein Gespräch, das, dem Lächeln auf seinem Gesicht nach, scheinbar angenehm war. »Er schien sich über mein Interesse zu freuen und darüber überrascht zu sein«, berichtete er. »Er fragte, wie es uns ginge, und ich sagte, wir hätten eine schwierige Zeit. Er meinte, es ginge ihm genauso und er hätte uns nicht vergessen, obgleich ich ihm zusicherte, das sei nicht der Grund meines Anrufes.«

Dann tat A. Cliffe etwas Seltsames. Er bat Fred und Jennifer, zusammen mit ihm ihre rechte Hand auf den Stapel der ihnen noch nicht bezahlten Rechnungen zu legen. Er betete für alle Menschen, an die die Rechnungen gerichtet waren; er bat nicht darum, sie sollten ihre Schulden bezahlen, sondern es möge ihnen gelingen, ihre Probleme zu lösen.

»So, und jetzt machen wir eine Ideensitzung«, sagte

er. »Habt ihr noch genügend Geld für einen Farbtopf?« »Ja, so schlimm steht's nun auch wieder nicht«, murmelte Fred.

»Gut, dann kümmert euch jetzt darum und malt das Innere eures Ladens strahlendweiß an; dann wascht eure Schaufenster, bis sie nur so glitzern und dreht ein paar neue Birnen ein. Und vor allem, setzt ein Lächeln auf eure Gesichter und bleibt im Laden, um Menschen zu erwarten. Wenn sie dann kommen, begrüßt sie mit echter Freundlichkeit. Denkt die ganze Zeit an das *Mögliche*. Laßt die Vorstellung des *Unmöglichen* fallen! Es wird keine ganz einfache Segelpartie sein, aber tut, was ich euch sage, und ihr werdet weitersegeln – ihr werdet weitermachen.«

Nach einem Monat hatte das junge Paar genug Geld eingenommen, um den Kopf über Wasser zu halten, allmählich begannen sie auch einen kleinen Profit zu machen. Sie überstanden ihre Krise erfolgreich – nur, weil sie dem weisen Ratschlag eines Freundes gefolgt waren.

Jener A. Cliffe war einer der intuitiv weisesten Menschen, die ich jemals gekannt habe, ein praktisches Genie im Gebrauch des Positiven Prinzips.

Er selbst hatte die kreative und positive Wahrheit begriffen, als er äußerst krank war. In dieser Extremsituation hatte er sein Schicksal ganz in Gottes Hand gelegt:

»Dein Wille geschehe. Nimm mich, wenn du es wünschst. Doch wenn du wünschst, daß ich lebe, werde ich meine Jahre darauf verwenden, die erstaunliche Kraft spiritueller Wahrheit zu lehren, um Krankheit, Versagen und jede Art von Schwierigkeiten zu überwinden.«

Seitdem lehrte Dr. Cliffe eine grundsätzliche Wahrheit, von der ich persönlich und viele andere enorm profitierten. Er drückte sie in dem beglückenden Satz aus: »Laß los und laß Gott machen.« Das heißt sein Bestes, sein Allerbestes zu geben. Wenn man alles getan hat, was man tun kann, was soll man denn dann noch tun? Dann ist es an der Zeit, loszulassen und Gott übernehmen zu lassen. Mit dieser Methode des Positiven Prinzips brauchen Sie sich nie entmutigt oder besiegt zu fühlen. Nichts ist auf der Basis dieser Philosophie länger unmöglich.

Erhalten Sie Ihre Intuition!

Eine sichere Art, die Inspiration aufrechtzuerhalten, ist, die Worte, die wir täglich benutzen, zu prüfen. Ein Wort oder eine Wortverbindung formt ein Gedankensymbol, das das grundlegende Konzept unseres eigenen Geistes verrät. Durch die Worte zeigen sich unsere Gedanken.

Wenn Sie wissen möchten, was ein Mensch wirklich denkt, so achten Sie auf sein Wortmuster. Und, wenn Sie wissen wollen, warum Ihr eigenes Niveau des Wohlbefindens manchmal absinkt, beobachten Sie gründlich die Worte, die Sie in Ihrer normalen täglichen Konversation verwenden. Denken Sie daran: Worte leben und haben die Kraft zu erschaffen und zu zerstören.

Von allen zerstörerischen Worten, die normalerweise gebraucht werden, ist das Wort »unmöglich« eines der kraftvollsten.

»Es ist unmöglich« ist das sich wiederholende Depressivum, das Begeisterung dämpft und Pläne zum Scheitern bringt, die normalerweise ein Erfolg sein würden. Es ist deshalb von wesentlicher Bedeutung, das Wort »unmöglich« aus unserer Sprache zu streichen. Sein Ausschluß wird mit der Zeit auch seinen Einfluß auf Ihre Gedankenprozesse verringern. Wenn Sie dann ein Ziel erreichen, wird das Unmögliche nicht länger in den Prozeß des Positiven Prinzips eingreifen können. Sie werden Ihre Inspiration machtvoll aufrechterhalten können. Sie werden ständig mit motivierenden Kräften versorgt werden. Diese lassen nicht nach, sondern werden immer kräftiger und vitaler. Wenn Sie an vergangene Zeichen Ihrer eigenen schwachen Inspiration denken, reagieren Sie auf diese Behauptungen hier wahrscheinlich mit Zweifel, wenn nicht gar mit Unglauben. Das Wort *unmöglich* kommt Ihnen sofort in den Sinn. Sie beklagen sich, es sei für Sie unmöglich, dieses hohe Niveau Positiver Einstellung aufrechtzuerhalten. Wenn Sie sich auf diese Weise ausdrücken, gibt es keinen Zweifel, daß Sie das Wort »unmöglich« frontal angreifen müssen, ebenso, wie das Konzept des Versagens, für das es steht.

Am Ende eines Vortrags, den ich anläßlich eines großen Verkaufstreffens gehalten hatte, kam ein Mann hinter die Bühne gestürmt. Sein Gesicht glühte. Kein anderes Wort kann seinen Ausdruck der Verwunderung und des Glücks beschreiben. In höchster Aufregung bestand er darauf, seine Geschichte zu erzählen:

Ich verdanke alles einer Geschichte, die Sie über Napoleon Hill berichtet haben. In seiner Jugend war das Wort »unmöglich« sein ständiger Begleiter. Das Resultat war ein Leben des Versagens und der Unzufriedenheit. Er wollte Autor werden und kaufte sich ein Lexikon zum Nachschlagen. Eines Tages fiel ihm ein, daß er ein für alle Mal das schreckliche Wort »unmöglich« loswerden müsse. Seine Methode war einfach. Mit einer Schere schnitt er es aus dem Lexikon heraus, zerknüllte es und warf es ins Feuer. Ich folgte seinem Beispiel. Und es ist erstaunlich, wie große »Möglichkeiten« seitdem stattfanden, anstelle der jämmerlichen »Unmöglichkeiten«.

Ich brauchte etwas Dramatisches. Früher war ich angstvoll und unbeständig. Jetzt aber habe ich »unmöglich« für alle Zeiten rausgeworfen. Wenn ich jetzt inspiriert werde, habe ich, was ich brauche, um es durchzuführen.

Was können wir gegen diese großen Hindernisse, diese großen heraufgeträumten Unmöglichkeiten tun? Wann haben wir zum letztenmal das Wort »unmöglich« gesagt? Was machen wir mit diesen sogenannten Unmöglichkeiten, die uns so lange gestört und besiegt haben?

Schauen Sie sich Ihr gegenwärtiges »Unmöglich« noch einmal an! Erwägen Sie positive Arten, damit umzugehen. Beginnen Sie, indem Sie das Neue Testament, welches so voller Ideen ist, wie man mit dem Unmöglichen umgeht, studieren. Es ist das wahre Textbuch des Positiven Prinzips! Es enthält wertvolle Formeln, um das Unmögliche in Machbares zu verwandeln.

»Dinge, die bei den Menschen unmöglich sind, sind bei Gott möglich.«* Das bedeutet, wenn ein Mensch im Glauben lebt und überzeugt ist, die göttliche Kraft anzapfen zu können, so wird seine Situation sich positiv wandeln.

Es gibt viele negative Denker heutzutage, die Ihnen mit dogmatischem Eifer erzählen werden, daß dies nicht stimmt, denn es liegt in ihrer Natur, das Positive abzulehnen. Manche scheinen fast versagen zu wollen, damit sie sich weiter beklagen und kritisieren können. Lösen Sie sich ganz aus diesem Muster des programmierten Versagens!

* Lukas 18,27

Erheben Sie sich geistig so hoch über diese Niederung, daß Sie von oben auf Ihr Problem schauen können. Jeder Mensch, der ein Problem überwinden möchte, muß in seinen Gedanken *über* diesem Problem stehen. Dann sieht es nicht halb so groß aus, und er hat dann größeres Vertrauen in seine Fähigkeit. Jahre meines Lebens habe ich damit verbracht, Menschen davon zu überzeugen, daß sie eine innere Macht haben, die all den Schlägen, die sie erleiden müssen, widerstehen kann. Tausende, vielleicht Hunderttausende, haben diese Botschaft gehört und begeistert auf die Macht des Positiven Denkens reagiert. Inspiriert und angefüllt von einem dynamischen Geist, hat das Leben für sie einen neuen und erfreulichen Sinn bekommen. Sie haben die Kraft – die wundervolle Kraft – entdeckt, wie man die Motivation *erhalten* kann.

Wie gelingt mir das auf Dauer – sogar für mein ganzes Leben?

Nehmen wir als Beispiel eine Frau, die mir in einer Zeit wirtschaftlicher Not von ihrem Kampf, den Positiven Glauben zu erhalten, schrieb. Nur noch knapp zwei Dollar auf der Bank, keine Chance für ihren Mann, Gehaltserhöhung zu bekommen. Aber sie hatte beschlossen, keine Panik zu bekommen und positiv zu denken.

Einige Wochen später schrieb sie von »überraschenden Vorfällen«. Ihr war ein Job angeboten worden. Und ihre Lage hatte sich sichtbar gebessert. Ihr war »geholfen« worden, weil sie geglaubt hatte.

Was aber ist mit dem Positiven Prinzip, wenn Krankheit droht? Wenn plötzlich Gesundheit, Kraft und Wohlbefinden geschwächt sind?

Nehmen wir das Beispiel Chet Craigs, Sportler und Positiver Denker, Lebenskünstler und begeisterter Jogger. Er fühlte eines Tages einen stechenden Schmerz, und bald darauf mußte er wegen Prostatakrebs operiert werden. Aber er erhielt seinen guten Geist. »Ich muß mit meinem Geist arbeiten, so daß die kranken Gedanken nicht wachsen wie das kranke Gewebe meines Körpers. Ich muß oben auf bleiben.« Die letzten Berichte weisen darauf hin, daß ihm dies gelingt. Das Positive Prinzip erhält ihn.

Ein anderes Vorbild ist ein bedeutender Psychologe, der vom Rollstuhl aus glänzend zu seinem Publikum sprach. Nur einen Augenblick lang hörte sein großes Publikum aus Mitleid zu. Er war scharf und ätzend, überzeugend, freundlich, humorvoll. Er hatte alles, was ein Mann braucht, um ein wirkungsvoller und mächtiger öffentlicher Redner zu sein.

Als ich später seine großartige Show bewunderte, indem ich meinte, es sei schon für mich auf zwei Beinen schwierig, eine Menge zu fesseln, antwortete er:

Der Verstand ist nicht in den Beinen. Er ist im Kopf. Meine Beine sind gelähmt, aber mein Kopf funktioniert noch recht gut. Ich fand heraus, daß ich gut ohne brauchbare Beine leben konnte, weil ich ja noch einen brauchbaren Verstand hatte.

Die beiden Männer meiner Geschichte besaßen offenbar eine Inspiration, die ihnen ermöglichte, physische Schwierigkeiten zu meistern. Beide fanden sie das Wort »unmöglich« lächerlich – und hatten es erfolgreich aus ihrem Wortschatz verbannt.

Trauer in Kraft wandeln

Es gibt größere Schwierigkeiten als finanzielle Engpässe oder gesundheitliche Krisen. Ich spreche von tragischen Dingen, die uns begegnen wie beispielsweise der plötzliche Tod eines geliebten Menschen.

Diese Zeiten fordern uns aufs Äußerste heraus, so sehr, daß das Wort »unmöglich« bedrohlich wird und wir tiefe und außergewöhnliche Reserven brauchen, um mit der Situation umzugehen.

Meine Frau Ruth sprach vor kurzem zu einem vielköpfigen Auditorium. Als sich die Versammlung ans Singen machte, erinnerte ich die Geschichte von Luther Bridger, der wundervolle Gospelsongs geschrieben hatte: Als junger Pfarrer wurde er eines Nachts durch das Telefon geweckt. Man berichtete dem Erschreckten, ein Feuer habe sein Haus zerstört, seine schlafende Familie getötet.

Betäubt ließ Luther den Hörer fallen. Es konnte nicht wahr sein! Verzweifelt lief er im Zimmer auf und ab. Dann entfloh er aus dem Hotel in die Leere der frühmorgendlichen Straßen. Auf seiner Suche nach Frieden kam er zu dem Fluß, der breit und tief die Stadt durchfloß. Er betrachtete ihn fasziniert. In seiner kühlen Tiefe lag das Vergessen. Nur einen Augenblick würde es für den Geist dauern, den Körper zu verlassen und er wäre wieder mit seiner Frau und seinen Kindern vereinigt. Das Leben schien jetzt absolut unmöglich. Unmöglich! Unmöglich! Das Wort hämmerte in seinem Kopf herum. Es war unmöglich, weiterzumachen. Er mußte jetzt sterben, in diesem schnellfließenden Strom.

Nach langem inneren Kampf siegte seine Liebe zum Leben, zu Gott. Und er konnte endlich weinen. Mit den Tränen kam ein tiefes Gebet, in dem er darum bat, diese Tragödie verstehen und mit ihr umgehen zu können. Er fand ins Leben zurück, heiratete wieder, hatte Kinder.

Dieser Mann, der die tiefsten Täler der Verzweiflung durchpflügt hat, hat eine Reihe der schönsten Gospelsongs geschrieben. Ein Glaube dieses Kalibers kann das Wort »unmöglich« nie anerkennen.

Für Menschen, die sich Gedanken machen, ist eine

der besonderen Lektionen und Wahrheiten die Erkenntnis, daß das sogenannte »Unmögliche« in Wirklichkeit für alle, die den Willen, Mut und Glauben haben, etwas Mögliches ist. Was der Mensch erreichen oder schaffen soll, ist in das Gewebe menschlicher Existenz miteingebaut. Dies zu erreichen ist möglich. Kaiser Marcus Aurelius drückte dies kraftvoll aus: »Glaub nicht, daß was für dich zu meistern schwierig ist, dem Menschen an sich unmöglich ist; denn, wenn eine Sache für den Menschen möglich und angemessen ist, dann gehe davon aus, daß sie auch erreichbar ist.« Die Dinge, die der Mensch sich im Geiste vorstellen kann, können durch ihn auch erreicht werden.

Schauen Sie das Wort »unmöglich« noch mal an! Betrachten Sie es aus der Sicht des Meisters. Bauen Sie Ihre Motivation neu aus. Werden Sie ein Spezialist darin, das völlig Unmögliche zu tun. Und erhalten Sie das Positive Prinzip aufrecht.

Und hier eine Zusammenfassung der grundlegenden Punkte dieses Kapitels:

- Schneiden Sie das »un« aus dem »Unmöglichen« heraus und lassen Sie dieses dynamische Wort frei und klar hervorstechen – *möglich.*
- Tun Sie alles, tun Sie Ihr Möglichstes in einer schwierigen Situation. Dann lassen Sie los, lassen Sie Gott machen.
- Benützen Sie niemals das Wort »unmöglich«! Werfen Sie es in den verbalen Papierkorb.
- Praktizieren Sie das Positive Prinzip, das Prinzip des Möglichen!
- Bauen Sie einen unbesiegbaren Glauben auf, der Sie in jeder Krisensituation erhält.

- Was für uns Menschen richtig erscheint, ist auch erreichbar für uns.
- Werden Sie ein Spezialist für das »völlig Unmögliche«, für die Dinge, die nicht getan werden können!

3 Nichts kann Sie niedermachen!

Es ist erstaunlich, wie viele Dinge die Menschen niedermachen können. Meistens sind es gar keine großen Dinge, keine Tragödien, sondern eher die kleinen, kleinlichen Irritationen und Frustrationen. Diese scheinen den Geist wirklich zu deprimieren, denn der Mensch hat eine erstaunliche Kraft, sich mit großen Dingen zu konfrontieren.

Nehmen wir den Fall von Major Ahluwalia aus Indien, der den höchsten Berg der Erde, den Mount Everest, erstieg. Mit unglaublichem Jubel stand er schließlich auf dem kolossalen Gipfel. Heute jedoch kann der stolze Bergsteiger nicht einmal mehr vom Garten bis zu seiner Türe gelangen. Er wurde von einem pakistanischen Heckenschützen im Hals getroffen – ironischerweise, nachdem die zwei Länder schon den Waffenstillstand erklärt und die feindlichen Handlungen beendet hatten. Jetzt kann er sich nur noch im Rollstuhl fortbewegen – ein Mann, dessen kraftvolle Beine und dessen robustes Herz ihn auf den Gipfel des höchsten Berges der Welt getragen hatten.

Doch hat ihn diese Tragödie niedergemacht? Nein! Er war in der Lage, eine tiefe Depression zu überwinden, und er benützte den glücklich gewählten Satz »Erklettere im Innern den Everest!« Er meinte dazu: »Auf dem Gipfel seiner selbst zu stehen, nachdem man dies im Geist errungen hat, war genauso ein Gefühl des Jubels, wie auf dem Gipfel des Bergriesen zu stehen.« Der tapfere Ex-Bergsteiger demonstrierte damit auf dramatische Weise, daß nichts einen Menschen wirklich niedermachen kann, wenn dieser die Fähigkeit besitzt, oben zu bleiben. Wenige von Ihnen werden wohl jemals einer Herausforderung des Geistes gegenüberstehen, die auch nur im Entferntesten mit der von Major Ahluwalia vergleichbar ist. Doch jeder von uns muß mit täglichen Irritationen, mit Monotonie und Ärgernissen fertig werden, die unsere Inspiration und Motivation einschränken. Sie im Angesicht der angesammelten Frustrationen aufrechtzuerhalten ist, weiß Gott, nicht leicht.

Die gewöhnliche Frustration nimmt manchmal ungewöhnliche Formen und Ausdrücke an. Beispielsweise die genervte Hausfrau, die der ständigen Alltagsärgernisse überdrüssig wurde. Als sie sich nicht mehr in der Lage sah, damit fertig zu werden, zündete sie einfach das Haus an und spazierte, ohne jemals zurückzuschauen, davon! Ich las die Geschichte dieses menschlichen Donnerwetters neulich in einer Zeitung.

Ein anderer Fall ist der ruhige, ergebene Ehemann, der seiner nörgelnden Frau immer nachgab. Die angesammelte Frustration in seiner Brust brach schließlich heraus. Seiner sanften Natur getreu, verließ der strapazierte Mann eines Morgens das Haus und ward fünfundzwanzig Jahre nicht mehr gesehen. Dann kehrte er heim, und die Frau berichtete, es sei viel leichter mit ihm auszukommen als früher. Was seine eigene Reaktion betrifft – er gab keinen Kommentar dazu, aber er blieb.

Dann gab es noch einen weiteren seltsam anmutenden Vorfall von Frustration und Ärger: Ein Geschäftsmann verwandelte sein Heim und sein Büro in eine Hölle, weil er immer Wutanfälle bekam und sich nicht zusammennehmen konnte. Wie seine Frau und seine Bürokollegen es beschrieben, »ging er immer an die Decke«.

Seine Frau hatte ausgehalten, was sie nur konnte. Eines Tages aber schob sie ihn mit blitzenden Augen in einen Stuhl und stand offen wütend vor ihm: »Und jetzt hörst du mir zu und sagst kein einziges Wort! Ich habe dich schreien und fluchen lassen, und ich habe es absolut satt. Jetzt bin nämlich ich dran! Du sitzt jetzt hier und hörst mir zu, bis ich fertig bin.« Worauf sie ihn mit aller Deutlichkeit auf den miesen, gereizten egozentrischen Menschen aufmerksam machte, zu dem er geworden war.

Und was sie ihm alles sagte! Es seien nicht die Dinge, die ihn niedermachten, sondern er selbst mache sich zum Opfer seiner Nervosität, bis alle anderen es unmöglich fanden, ihn überhaupt auszuhalten.

Während seine Frau ihn so beackerte, verschwamm ihr Bild plötzlich vor seinen Augen. Er merkte nicht mehr, daß sie da war und war sich auch nicht mehr des Zimmers bewußt, in dem dieser Dialog stattfand. Er schien statt dessen an einem seltsamen Flußufer zu stehen, an dem ein langsamer Strom vorbeifloß. Und dort, mitten in dem Strom, war ein dunkles, ja sogar ekliges Objekt, das sich wie eine Schnecke fortwand. Er sah sich selber plötzlich inmitten des Stroms seines eigenen Selbst. Und dieses dunkle häßliche Ding, das wie ein Wurm auf dem Fluß trieb, war Irrtum und Übel seines Wesens. Es war die Quelle seiner Spannungen, die ihn am Ende zerstören würden, wenn er ihnen nicht rechtzeitig Einhalt gebot.

Allmählich verschwand die Vision wieder, und er sah seine aufgebrachte Frau vor sich. Doch nun betrachtete sie ihn skeptisch und hielt plötzlich erstaunt inne. »Ich sehe selber ganz deutlich«, sagte er zu ihr. »Nie habe ich mich selber so deutlich gesehen. Ich erkenne, daß mein inneres Zentrum des Versagens aufbrechen muß. Denn aus ihm entspringen die Ärgernisse, die mich so unverständig machen.«

Diese Geschichte ist ein seltsames Beispiel des kumulativen Effektes, der durch Frustration allmählich aufgebaut wird. Dank der präzisen und außergewöhnlichen Enthüllung gewann dieser Mann seinen erschütterten Gleichgewichtssinn zurück. Von da ab handelte er aufgrund einer organisierten, motivierenden Basis. Seine Persönlichkeit normalisierte sich. Er erlernte eine neue Kontrolle über Frustration und Irritation und bestand darauf, sich nicht mehr niedermachen zu lassen. Er erlernte die Fähigkeit, das Positive Prinzip aufrechtzuerhalten, indem er mit großer Autorität seine bisher unkontrollierten emotionalen Reaktionen zurückhielt.

Ein Frustrierter findet die Antwort

Der Kampf mit Störungen und Verzweiflung, die so viele von uns plagen, und die mögliche Lösung, sie zu überwinden, wird deutlich anhand der Erfahrungen eines Kanadiers: »Ich konnte einfach nicht so weitermachen.« Deshalb ging er ohne Erklärung von Zuhause weg und fuhr mit seinem Wagen nach New York. Er hatte nur eines im Sinn – sich als Deckarbeiter auf einem schweren Frachter einzuschiffen und in einen fernen Hafen zu segeln. Hauptsache weit fort! Er erreichte New York an einem Samstag, um festzustellen, daß am Hafen bis zum Montag alles geschlossen war.

Er wanderte ziellos durch die Stadt, und er versuchte im Kino zu vergessen, aber vergeblich. Am Sonntag morgen fand er sich auf der *Fifth Avenue* wieder. Es überraschte ihn, eine Menge von Menschen zu sehen, die anstanden, um in die Kirche zu gehen. Nie zuvor hatte er eine Menge Schlange stehen sehen, um in die Kirche zu kommen. Mehr aus Neugier, als aus dem Wunsch heraus, in die Kirche zu gehen, schloß er sich der Menge an und hatte das Glück, den letzten Platz in der letzten Reihe zu bekommen. Er schaute sich um und bemerkte, daß Weiße und Schwarze da waren, Junge und Alte, Frauen und Männer. Alle kamen ihm freundlich vor.

Als er dem hervorragenden Chor zuhörte, der Lesung der Schrift und den Gebeten, begann er zögernd in den Gesang bekannter Kirchenlieder miteinzustimmen. Allmählich fühlte er sich willkommen, angenommen: »Erinnerungen an die guten Zeiten meiner Jugend regten sich in meinem Kopf. Ein tiefes Gefühl des Friedens erfüllte mein Herz. Meine Augen füllten sich mit Tränen, als ich in diesem großen schützenden Gebäude saß.«

Der Gottesdienst endete, und die große Gemeinde begann die Kirche zu verlassen. Dann reichte ihm die Dame, die neben ihm gesessen hatte, ihre Hand zum Gruße und sagte: »Gott liebt Sie.« Das war's. Es brach ihn auf. Draußen auf der Straße spazierte er durch die Häuserblocks, und es schien ihm, als ginge er auf Wolken. Er wußte, er würde mit allem fertig werden. Er fühlte sich stark, inspiriert. Er spürte seine Motivation, wußte, daß sie andauern würde. Genauso geschah es auch. Er fuhr sofort zurück nach Kanada, und es ging ihm immer noch gut, als er mir fünf Jahre später von dieser Erfahrung berichtete.

Das Leben kann sehr hart sein

Es kann kaum geleugnet werden, daß das Leben auf unserer Erde niederschmetternd sein kann. Probleme mit Geld, Arbeit, Gesundheit, Freundschaft, Mißverständnisse und zahlreiche andere Schwierigkeiten machen für viele von uns den Tag schmerzvoll. Kein Wunder, daß der Psychoanalytiker Sigmund Freud gesagt haben soll: »Die Hauptpflicht des Menschen ist es, das Leben zu ertragen.« Und das Leben kann tatsächlich hart sein, sehr hart.

In einem tiefen Sinne ist es wahr, daß es unsere wichtigste Pflicht ist, zu ertragen, was das Leben uns bietet. Es gibt Dinge, die wir nicht ändern können und mit denen wir leben müssen. Zu lernen, mit einer schweren Benachteiligung zu leben, weil es keine Lösung daraus gibt, ist bereits eine Leistung.

Mein Vater war ein sehr glücklicher und kreativer Mensch. In mittleren Jahren befiel ihn eine schmerzhafte Arthritis, die ihn maßlos störte. »Sie hat mich fast fertiggemacht«, gestand er, »aber ich habe sie ausgetrickst. Ich lernte schließlich, daß sie nicht geheilt, sondern nur gelindert werden konnte. Also nahm ich diese Tatsache an und lernte, damit zu leben.« Er sprach in späteren Jahren nie mehr darüber und feierte noch seinen fünfundachtzigsten Geburtstag. Eines ist ganz sicher, die Krankheit machte ihn nicht fertig – in keiner Weise. Er sagte sogar, daß sie weniger schmerzvoll schien, als er sie als unvermeidbar angenommen hatte. Er hatte das Positive Prinzip auf dieses physische Problem mit Erfolg angewandt.

Trotz aller Achtung für das Prinzip des »Ertragens«, welches die Schwierigkeiten der menschlichen Existenz oft ziemlich düster erscheinen läßt, gibt es eine andere Haltung: das Prinzip des »Meisterns«. Nichts kann uns niedermachen, wenn wir diese Eigenschaft, die tief in unserer menschlichen Natur verankert ist, und die Niederlagen verhindert, anwenden. Es ist die hervorstoßende Kraft, die wir besitzen, um dem zerschmetternden Element unserer Erfahrung zu begegnen und es zu überwinden: »Dies ist der Sieg, der die

Welt überwindet, auch unseren Glauben«.*

Der Glaube ist die mächtigste aller Kräfte, die unsere Menschheit regieren. Wenn wir ihn in der Tiefe spüren, kann nichts uns niedermachen. *Gar nichts.* Dies ist das Positive Prinzip, und es ist voll von heilender Kraft.

Ein Zwerg wird zum Riesen

Wenn Sie sich für schwach halten und meinen, nicht genügend Kraft zu haben, um den Herausforderungen des Lebens und den harten Schwierigkeiten zu begegnen, sehen Sie sich selbst falsch. Sie sind nämlich bei weitem nicht so ungenügend und schwach, wie Sie meinen. Ihre Annahme ist sogar gefährlich, denn sie hat die Tendenz, diese Tatsache selbst zu *erschaffen.* Sie kämpfen damit gegen sich selbst, wenn Sie auf diese Weise weiterdenken. Dieser Prozeß der Selbstbegrenzung und Selbstverachtung wird selten nach außen getragen, aber er arbeitet in Ihrem Bewußtsein ständig weiter. Er nistet sich in Ihrem Unterbewußtsein ein und bestimmt Ihr Handeln.

Das Ergebnis: Sie selbst versuchen, den Riesen, den der Schöpfer in die Mitte jedes Menschen gesetzt hat, zu verkleinern. Und doch kann nichts diesen Riesen besiegen, wenn er sich nicht selber niedermacht!

Ernie Beltz besaß, als er aus Europa in Amerika ankam, eine starre Persönlichkeit. Er war so winzig, daß er ein tiefverwurzeltes Minderwertigkeitsgefühl entwickelt hatte. Ernie war ein dreißigjähriger Schweizer, der nach Amerika gekommen war, um sich selber zu finden, und der es anfänglich sehr schwer hatte.

Sein gebrochenes Englisch ließ die Leute lächeln;

* Johannes 5,4

seine Winzigkeit war ein zusätzliches Handicap. Wenn er in einen Bus stieg, schaffte er die Stufe erst nach mehreren Versuchen. Wenn er einen Laden betrat, um Kleidung zu kaufen, wurde er in die Abteilung für Kinder verwiesen.

Eines Tages saß Ernie Beltz allein in einem Restaurant beim Mittagessen, als ein junger Mann aus der *Marble Collegiate Church* ihn zur Gruppe »junger Erwachsener« einlud. Er nahm an und erfuhr dort Freundschaft und Verständnis, anstatt der neugierigen Blicke, die er gewöhnt war. Doch eine starre Persönlichkeit taut nicht an einem Tag oder in einem Monat auf.

Die große Wende kam eines Abends bei einem Treffen der »Jungen Erwachsenen«, als ein Mitglied überzeugend über das Thema *Gott hat einen Plan für mein Leben* sprach. Ernie machte zunächst Einwände: »Glaubst du wirklich, Gott hat auch einen Plan für mein Leben, für einen so kleinen Kerl wie mich?« »Sicher, Gott hat für jeden von uns einen Plan und so auch für dich, Ernie. Du mußt nur bereit sein, zu tun, was Er möchte, daß du tust«, kam die Antwort.

Als Ergebnis dieser Ermutigung begann Ernie kreativer zu denken. Er erlernte das Positive Prinzip. Er hörte auf, sich in der Menge verlieren zu wollen und begann, sich für andere zu interessieren. Er meldete sich freiwillig für Projekte der Kirchenarbeit. Er entwickelte die Kunst, das Interesse anderer Menschen zu wecken und ihre Vorteile zu erkennen und zu verstärken.

Gute Dinge begannen Ernie Beltz zu geschehen. Eines davon war, daß er aus der Schale seines Minderwertigkeitskomplexes hervorkam und ein freies Individuum wurde. Einige Jahre später sicherte er sich einen Verwaltungsjob in einer erzieherischen Einrichtung in

Afrika. Ernie muß gewachsen sein. Er muß in dieser Arbeit groß geworden sein, denn ein Direktor, unter dem er arbeitete, schrieb: »Wieviel besser wäre diese Welt, wenn wir mehr Menschen wie Ernie Beltz hätten. Er mag klein von Statur sein, doch eigentlich ist er ein Riese, wenn es darum geht, anderen Menschen zu helfen, sich zu finden.«

All diese Zeit hatte dieser »unentdeckte Riese« in Ernie Beltz existiert und kam schließlich hervor, um einen Mann mit dynamischer Motivation und der Kraft, das Positive Prinzip aufrechtzuerhalten, zu enthüllen. Ein Mann, der jeden, den er traf, beeinflußte. Dieser »Riese« wohnt auch in Ihnen! Lassen Sie ihn das Kommando übernehmen, und nichts kann Sie mehr niedermachen. Nichts!

Sie können unglaubliche Dinge vollbringen

Wenn dieser innere Riese lebendig und vital ist, werden Sie nicht länger durch negative oder Minderwertigkeitsgedanken gestört, wenn Sie voller Glauben an sich selbst und an Gott sind, können Sie so ungefähr alles tun, was Sie entschlossen und mit Autorität zu tun beschließen. Wenn Sie eine »mit ganzem Herzen Haltung« voll und ganz einnehmen, mit dem Positiven Prinzip voll herauskommen, können Sie unglaubliche Dinge tun. Ich würde sogar diese drei Worte, »so ungefähr alles«, fallenlassen, vor allem, wenn ich an die erstaunliche Geschichte von Legson Kayira denke, der in einem winzigen afrikanischen Dorf wohnte und eine Entfernung von 2500 Kilometern über den ganzen Kontinent überbrückte, um seinen Weg zur amerikanischen Westküste zu finden. Aber lassen wir ihn seine

Geschichte in seinen eigenen Worten erzählen. Er nennt seine unglaubliche Geschichte »Barfuß nach Amerika«:

Meine Mutter wußte nicht, wo Amerika war. Ich sagte zu ihr: »Mutter, ich möchte nach Amerika, um auf die Schule zu gehen. Gibst du mir deine Einwilligung?«

»Gut«, sagte sie, »du darfst gehen. Wann brichst du auf?«

Ich wollte ihr nicht die Zeit geben, zu entdecken, wie weit Amerika entfernt war, weil ich fürchtete, sie würde ihre Meinung ändern. »Morgen«, sagte ich.

»Ich werde dir etwas Mais zubereiten, den du auf dem Weg verzehren kannst.«

Am nächsten Tag verließ ich mein Zuhause im nördlichen Nyasaland, Ostafrika. Ich besaß nur die Kleider, die ich trug, ein Khaki-Hemd und kurze Hosen. Ich trug die zwei Schätze, die ich hatte, eine Bibel und ein Exemplar des »Pilgrim's Progress«. Dazu den Mais, den mir meine Mutter bereitet hatte, sorgsam in Bananenblätter gewickelt.

Mein Ziel war ein Erdteil, einen Ozean entfernt. Aber ich zweifelte nicht daran, daß ich es erreichen würde. Ich hatte keine Ahnung, wie alt ich war. Solche Dinge hatten in einem Land, in dem die Zeit immer gleich war, keine Bedeutung. Ich schätze, ich war sechzehn oder siebzehn Jahre alt. Mein Vater starb, als ich sehr jung war. Meine Mutter hörte den Worten der Missionare zu, mit dem Ergebnis, daß wir Christen wurden.

Von den Missionaren lernte ich, daß ich nicht das Opfer der Umstände, sondern ihr Meister war. Ich lernte, daß ich die Pflicht hatte, die Talente, die ich mitbekommen hatte, zu benützen, um das Leben für andere zu verbessern. Und, daß ich, um dies zu tun, eine Ausbildung brauchen würde. Ich hörte von Amerika. Ich las die Biographie von Abraham Lincoln und begann diesen Mann, der so viel gelitten hatte, um den Sklaven in seinem Land zu helfen, zu lieben. Ich las auch die Autobiographie Booker T. Washingtons, der selbst in der amerikanischen Sklaverei geboren war, und der ein Held geworden war.

Ich war überzeugt, daß ich in Amerika die Ausbildung und Möglichkeit bekommen würde, um solche Leute in meinem eigenen Land zu vertreten. Um, wie sie, ein Führer, vielleicht sogar der Präsident meines Landes zu werden. Ich hatte vor, meinen Weg nach Kairo zu finden, wo ich mich auf einem Schiff nach den USA einschiffen wollte. Kairo war Tausende von Kilometern weit fort, eine Entfernung, die ich nicht verstehen konnte, und ich dachte törichterweise, ich könne dort in vier oder fünf Tagen hingelangen. Aber nach fünf Tagen war ich gerade fünfundzwanzig Kilometer von Zuhause fort. Mein Essen war zu Ende, ich hatte kein Geld, ich wußte nicht, was ich tun sollte. Ich wußte nur, ich mußte *weitergehen.*

Die Reise nahm über ein Jahr in Anspruch. Die Dörfer waren normalerweise fünf oder sechs Meilen auf Waldpfaden voneinander entfernt. Ich kam meist gegen Mittag an, bat um Arbeit, um mir Essen, Wasser und einen Platz zum Schlafen zu verdienen. Wenn es möglich war, verbrachte ich die Nacht dort und zog am nächsten Morgen zum nächsten Dorf weiter. Ich war hilflos gegen die wilden Tiere, vor denen ich mich fürchtete. Doch obwohl ich sie nachts hörte, näherte sich keines von ihnen. Die Malariafliegen waren jedoch meine ständigen Begleiter, und ich war oft krank.

Gegen Ende des Jahres war ich tausend Meilen

gegangen und in Uganda angekommen, wo mich eine Familie aufnahm und ich Arbeit fand. Ich machte Ziegelsteine, blieb dort sechs Monate und schickte das meiste Geld meiner Mutter.

In Kampala stieß ich unerwarteterweise auf ein Verzeichnis amerikanischer Colleges. Ich blätterte es durch und sah den Namen Skagit Valley College, Mt. Vernon, Washington. Ich hatte gehört, daß amerikanische Colleges begabten jungen Menschen manchmal Stipendien geben, und so schrieb ich dorthin und bewarb mich um eines. Ich wußte, daß ich abgelehnt werden konnte, aber ich würde nicht aufgeben. Ich würde nacheinander den in dem Verzeichnis aufgeführten Schulen schreiben, so lange, bis ich eine gefunden hätte, die mir helfen würde.

Drei Wochen später bekam ich ein Stipendium und die Zusicherung, daß die Schule mir helfen würde, einen Job zu finden. Überglücklich ging ich zu den Behörden der Vereinigten Staaten, nur um gesagt zu bekommen, daß dies nicht ausreichte. Ich brauchte Paß und ein Rückreisebillet, um ein Visum zu bekommen. Ich schrieb meiner Regierung und bat sie um einen Paß, aber er wurde abgelehnt, weil ich ihnen nicht sagen konnte, wann ich geboren war. Dann schrieb ich den Missionaren, die mich in meiner Kindheit gelehrt hatten, und durch ihre Bemühungen bekam ich schließlich den Paß. Aber ich konnte immer noch kein Visum beantragen, weil ich kein Geld für das Rückticket hatte.

Noch immer entschlossen, nahm ich meine Reise wieder auf. Mein Glaube war so stark, daß ich mein letztes Geld darauf verwendete, mir mein erstes Paar Schuhe zu kaufen. Ich wußte, ich konnte das College nicht barfuß betreten. Ich trug meine Schuhe in der Hand, um sie zu schonen.

Ich ging zu Fuß durch Uganda in den Sudan. Die Dörfer waren dort weiter voneinander entfernt und die Menschen weniger freundlich. Manchmal mußte ich zwanzig oder dreißig Kilometer laufen, um einen Platz zum Schlafen oder zum Arbeiten zu finden. Endlich erreichte ich Khartoum, wo ein amerikanisches Konsulat existierte.

Wieder wurde ich mit den amerikanischen Einwanderungsbestimmungen konfrontiert, doch diesmal hatte der Konsul genügend Interesse an mir, um dem College über mein Problem zu schreiben. Ein Telegramm kam zurück.

Die Studenten, die von meinem Problem gehört hatten, hatten das Reisegeld von 1700 Dollar aufgebracht, indem sie ein Wohltätigkeitsfest organisiert hatten. Ich war überwältigt, zutiefst dankbar. Ich war überglücklich, daß ich die Amerikaner in ihrer Freundschaft und Brüderlichkeit richtig eingeschätzt hatte. Die Nachricht, daß ich über zwei Jahre lang zweitausendfünfhundert Kilometer zurückgelegt hatte, verbreitete sich in Khartoum.

Und so kam ich schließlich, noch immer mit meinen zwei Büchern und meinem ersten Anzug, im Skagit Valley College an. In meiner Dankesrede an die Studenten eröffnete ich ihnen meinen Wunsch, Premierminister oder Präsident meines Landes zu werden. Ich bemerkte, daß einige lächelten. Ich fragte mich, ob ich wohl etwas Naives gesagt hätte. Ich glaube nicht. Wenn Gott einen unmöglichen Traum in dein Herz gesetzt hat, wird Er dir helfen, ihn zu erfüllen. Ich glaubte daran, als ich als afrikanischer Buschjunge mich dazu berufen fühlte, ein amerikanischer College Graduierter zu werden. Und mein Traum, Präsident von Nyasaland zu werden, kann auch wahr werden.

Um die Geschichte auf den neuesten Stand zu bringen, Mr. Kayira läuft noch immer vorne mit seinem inneren Riesen, und er läuft kraftvoll. Er lebte immer nach dem Positiven Prinzip. Er wurde Professor für Politikwissenschaften an der Cambridge Universität in England. Er schrieb einen Roman, *The Looming Shadow*, und ein Sachbuch, das über das Leben in Afrika berichtet.

Was wollen Sie damit sagen, daß Sie nicht *alles* erreichen können? Was wollen Sie damit sagen, die Dinge könnten Sie niederdrücken? Nicht wenn Sie einen Drang, einen Impuls, die Motivation haben, weiterzumachen! Halten Sie kraftvoll und beständig an dem Gedanken fest, daß nichts Sie jemals niedermachen kann. Wenn Sie glauben, Sie sind unten, stehen Sie auf, schütteln Sie die Niederlage einfach ab! Reaktivieren Sie den Riesen in Ihnen und gehen Sie los. Bleiben Sie dabei! Leben Sie immer nach diesem erstaunlichen Positiven Prinzip.

Wie Sie lernen, sich aufzurichten

Doch nun nehmen wir einmal an, Sie wurden schon niedergemacht, bevor Sie dieses Buch gelesen haben. Sie fühlen sich »unten« und gehen davon aus, daß Sie immer unten bleiben. Was dann? Ändern Sie Ihre Haltung! Ändern Sie sie wirklich. Beginnen Sie durch Affirmationen: »Ich habe nicht vor, unten zu bleiben. Wie gut, unten angekommen zu sein. Ein guter Ausgangspunkt, denn tiefer geht es nicht mehr. Von hier aus kann ich nur hinauf. Auf geht's!«

Beginnen Sie jetzt, nach oben zu schauen! Beginnen Sie, nach oben zu denken! Beginnen Sie, nach oben zu handeln! Gehen Sie immer weiter hinauf, egal wie steil es Ihnen vorkommt. Wenn Sie weiterhin nach dem

Positiven Prinzip denken und handeln, wird der Weg für Sie frei, und Sie werden die erwünschte Spitze erreichen.

Ein zweiundfünfzigjähriger Ingenieur war Vizepräsident einer scheinbar soliden Herstellungsfirma. Eine Periode der Rezession und Erfindungen der Konkurrenz gefährdeten plötzlich seinen Arbeitsplatz. Er wurde arbeitslos, suchte vergeblich nach einer neuen Anstellung. Schließlich war er bereit, jeden Job anzunehmen. Er war nicht stolz, er wollte einfach nur arbeiten. Und außerdem *mußte* er arbeiten. Er bewarb sich überall – vergeblich.

Schließlich sagte ihm ein Personalchef: »Sie haben gute Erfahrungen als Ingenieur. Im Augenblick brauchen wir niemanden in diesem Bereich, bald wird eine Hausmeisterstelle frei, für die Sie freilich überqualifiziert sind.«

»Überqualifiziert? Keineswegs. Als Ingenieur kann ich mit dem Besen umgehen. Ich beweise Ihnen, daß ich der beste Auskehrer bin, den Sie jemals an diesem Ort hatten.« So wurde er Hausmeister – freilich nicht lange.

Er erledigte seinen Job so gut und effizient, daß er schon bald aufstieg. Später wurde er Abteilungsleiter dieser Organisation, und das letzte, was ich von ihm hörte, war, daß er sich auf dem Wege zu dem Ort befand, den man als Antithese des Grunds bezeichnen könnte – nämlich zur Spitze.

Nichts muß Sie niedermachen! Doch wenn Sie unten sind, müssen Sie sich in keiner Weise unten halten lassen.

Die Methode, um weiterzugehen

Ich mag die Art, in der Art Fleming, der berühmte Fernsehstar, das Thema, sich nicht unten halten zu lassen, handhabte. Art weiß, wie man es aufrecht erhält. Er lebt nach dem Positiven Prinzip. Und so reagierte er, als er erfuhr, daß seine Show gestrichen wurde:

»Ich bin darüber kein bißchen traurig«, sagte der berühmte Fernsehmann. »Im Gegenteil, ich kann gar nicht erwarten zu sehen, was Gott für mich in Reserve hat. Es mag seltsam klingen, aber ich bin fest davon überzeugt, daß sich jedesmal, wenn sich eine Türe schließt, sich eine andere, noch bessere, öffnet. Mein Leben hat immer in Gottes Hand gelegen, und dies zu wissen, läßt mich positiv sein. Ich kann annehmen, was immer Er für mich vorgesehen hat. Ich erhebe nicht den Anspruch, besonders heilig zu sein. Doch ich bin der Meinung, wenn Gott auf meiner Seite ist, wer sollte dann gegen mich sein?«

Dann erzählte Fleming wie er, durch den Tod seines Vaters traurig und betrübt, in die Wildnis Kanadas floh, wo es kein Telefon gab und niemand mit ihm in Verbindung treten konnte. Während er dort war, versuchte ein prominenter Fabrikant mit ihm in Verbindung zu treten und ihm ein attraktives Angebot zu machen, sein Produkt im Fernsehen zu vertreten. Weil er ihn jedoch nicht erreichen konnte, gab er jemand anderem diesen lukrativen Vertrag. Art war zunächst enttäuscht, als er zurückkehrte, doch dann bekam er ein wesentlich lukrativeres Angebot, das ihn viele Jahre lang ernährte.

Also halten Sie an dem Gedanken fest, daß nichts

Sie niedermachen kann! Erhalten Sie das Positive Prinzip aufrecht, erhalten Sie es *immer* aufrecht!

Denken Sie an den »inneren Riesen«:

- Bezweifeln Sie nicht Ihre Fähigkeit, mit großen Katastrophen umzugehen. Wappnen Sie sich gegen kleine Irritationen und Rückschläge!
- Denken Sie bei Rückschlägen immer daran, daß alles halb so schlimm ist.
- Gehen Sie davon aus, daß ein Riese in Ihnen wohnt. Befreien Sie endlich diesen Riesen!
- Zweifeln Sie nicht daran, daß Sie unglaubliche Dinge vollbringen können.
- Denken Sie nie abwärts – denken Sie immer nach oben!
- Legen Sie die Probleme in Gottes Hand und lassen Sie sie dort. Er wird sie hüten und die Dinge zu ihrem richtigen Ausgang bringen.

4 Bringen Sie sich mit selbsterneuerndem Enthusiasmus in Schwung!

Es geschah in einem Bus auf der Fifth Avenue. Mit einem tiefen Seufzer sank ein Freund auf den Sitz neben mir.

»Hallo, Mr. Positivdenker, gerade dich brauche ich. Ausgerechnet dich hier zu treffen!«

»Was soll das heißen?« fragte ich zurück. Wir waren alte Freunde, und es war für uns üblich, uns zu necken.

»Junge, mir ist der Enthusiasmus ausgegangen, und gib mir jetzt nicht schon wieder dein positives Zeug! Ich habe mindestens ein Dutzend Rückschläge erlitten, und alles ist in der letzten Zeit schiefgegangen. Nichts, aber auch gar nichts ist richtig gelaufen!«

Er begann das Dutzend Rückschläge herunterzuleiern, aber schon bald wurde er langsamer. »Du bist ein armseliger Zähler, oder du hast eine überentwickelte Phantasie«, bemerkte ich. »Du hast von einem Dutzend Rückschläge gesprochen, aber ich komme nicht auf mehr als sechs. Warum übertreibst du so?«

»Na ja«, zögerte er, »es schienen mir so viele! Jedenfalls ist dieser alte Enthusiasmus, mit dem du mich bei deinem letzten Vortrag berieselt hast, den Abfluß runtergeflossen.«

»Ganz schön erbärmliche Begeisterung, wenn du mich fragst, daß sie schon den Abfluß runterläuft, nur weil du ein paar Schläge bekommen hast, die jeder mit einem bißchen Pepp ohne jedes Drama handhaben würde. Meiner Meinung nach übertreibst du. Was du brauchst, ist nicht eine hohle Begeisterung, die sofort vorüber ist, wenn die erste Schwierigkeit auftaucht. Mein Vorschlag wäre: Gerate in Schwung, gerate *richtig* in Schwung, mit einer Begeisterung, die sich immer wieder erneuert. Denke, bete, handle mit Enthusiasmus, bis er in dir ganz selbständig wird.«

»Okay, okay, danke für die Predigt. Danke, ich werd's versuchen«, sagte er, als wir den Bus verließen und uns an der Ecke trennten. Ich freue mich berichten zu können, daß er diese Lektion gut kapiert hat. Er baute seinen Enthusiasmus erneut auf, und das gab allen seinen Aktivitäten eine magische Kraft. Es ging ihm eigentlich auch schon damals, als er mit mir Bus fuhr, nicht so schlecht. Er redete nur »falsch«. Das ist in sich selbst schon gefährlich. Falsch reden führt zu falschem Denken, und dann geht es einem plötzlich wirklich schlechter.

Seltsam, wie sich manche Menschen immer wieder begeistern können und begeistert bleiben, auch wenn Dinge geschehen, die ihre Begeisterung dämmen müßten... was sie auch bei vielen entmutigt reagierenden Menschen tut!

Aber es gibt viele, mehr als man sich vorstellen kann, die gelernt haben, daß die Kunst der Begeisterung selbsterneuernd ist. Diese wissen wirklich, wie man das Positive Prinzip aufrecht erhält. Wie beispielsweise die neunzigjährige Frau, die ich in Ontario sah. Ich kann sie nicht als alte Dame beschreiben, denn das beträfe nur die Anzahl ihrer Jahre. In ihrem Fall stimmt das Wort *alt* einfach nicht. Sie ist ein hervorragendes Beispiel des Positiven Prinzips in Aktion.

Die Frau war an den Rollstuhl gefesselt. Man hatte ihr ein Bein amputiert, aber sie beschrieb lebhaft, wie sie, obwohl sie alleine lebte, all ihre Hausarbeit vom Rollstuhl aus machte. Sie saugte sogar Staub, kochte Mahlzeiten und machte das Bett. »Das muß hart sein«, kommentierte ich.

»Nicht, wenn man die Tricks kennt, so wie ich. Muß einfach gehen. Es ist sonst niemand da, und ich kann keine Hilfe finden. Könnte kein Mädchen bezahlen, auch wenn ich eines fände. Aber machen Sie sich keine Gedanken, ich beklage mich nicht, ich genieße es.«

»Seit wann leben Sie mit einem Bein?«

»Ach, etwa fünf Jahre. Könnte es gut gebrauchen, wenn ich's hätte. Dann wäre ich noch viel mehr in Schwung.«

»Gehen Sie mit diesem Rollstuhl jemals aus?«

»Natürlich, glauben Sie, ich bleibe hier den ganzen Tag eingesperrt?«

»Sie kann uns allen was erzählen«, sagte mir ihre siebenundzwanzigjährige Enkelin und fügte hinzu: »Ich komme von Zeit zu Zeit zu Besuch und hole mir einen Schuß Begeisterung von Großmutter, denn meine ist so schnell erschöpft.«

»Fühlen Sie sich denn nie entmutigt?« fragte ich dieses Energiebündel.

»Entmutigt, natürlich.«

»Und was machen Sie dann?« drang ich in sie.

»Ich überwinde es halt, was soll ich denn sonst tun?«

»Das ist die beste Antwort, die ich jemals gehört habe. Und wie sind Sie zu dieser Begeisterung gekommen? Und, was noch wichtiger ist, wie erhalten Sie sie aufrecht?«

»Hör mir mal gut zu, Sohn«, sagte sie und zeigte mit dem Finger auf mich (und glauben Sie mir, ich fühlte mich tatsächlich wie ihr »Sohn«). »Ich lese die Bibel und glaube an sie, und ich wiederhole eine Stelle ständig: ›Ich bin gekommen, daß sie das Leben und volle Genüge haben sollen‹.*

Und wissen Sie was? Die Bibel schränkt dieses Versprechen nicht ein, nur weil man in einem Rollstuhl sitzt, nur ein Bein hat und neunzig Jahre alt ist. Sie verspricht ein üppiges Leben und sonst gar nichts. Und so wiederhole ich dieses Versprechen und nehme mir das üppige Leben und bin glücklich und mir geht's prima.«

Welch ein Gegensatz zu dem alten Mann, der mir mit zittriger Stimme sagte, er sei neunundsechzig: »Lassen Sie sich nichts vormachen. Es ist die Hölle, alt zu werden. Tag für Tag baut man ab. Es ist das reinste Elend. Am liebsten wäre mir, die ganze Sache wäre schon vorbei, und zwar bald. Dabei war ich früher ein sehr begeisterter Mensch, so wie Sie.«

»Und wo ist Ihre Begeisterung jetzt hin?«

»Ich werde alt, sage ich Ihnen, man kann nicht alt sein und auch noch Schwung haben.«

Dies ist natürlich eine dogmatische und irrige Annahme. Sie fußt auf einer höchstpersönlichen, negativen Meinung. Die Tatsache, daß eine neunzigjährige, einbeinige Frau ständig schwungvoll sein konnte und ein knapp Siebzigjähriger mit zwei Beinen genau das Gegenteil empfand, beweist keineswegs seine Feststellung, man könne nicht gleichzeitig älter und begeistert sein.

* Johannes 10,10

Wie ein Mann in Schwung kam

Es war ein heißer Tag in einem Konferenzsaal eines Hotels an der Ostküste in Florida. An jenem Morgen war ich der Sprecher einer nationalen Konferenz und konnte von der Plattform direkt auf den Strand schauen, wo die Wellen sich schäumend am Ufer brachen. Das kühle Wasser sah gut aus, denn die Klimaanlage funktionierte nicht richtig. Alle außer mir hatten ihre Jacke ausgezogen. Ich fühlte mich keineswegs wohl. Ich beschloß, den Vortrag zu beenden und so schnell wie möglich zu schwimmen.

Als ich in die Wellen tauchte, kam ich neben einem anderen Schwimmer wieder hervor. Wir begrüßten uns. »Waren Sie heute morgen in der Konferenz?« fragte er mich.

»Ja, ich war da.«

»Dann haben Sie auch den Vortrag von Peale gehört.«

»Ja, den habe ich gehört.«

»Und wie haben Sie ihn gefunden?«

Ich zögerte, meinen eigenen Vortrag zu kommentieren und richtete eine Gegenfrage an ihn: »Was haben Sie davon gehalten?« Er begann mir seine Meinung zu sagen, und weil ich nicht sicher war, was er nun dazu sagen würde, tauchte ich in eine willkommene Welle, gerade als er zu sprechen begann, und erschien wieder, als er seinen Kommentar beendet hatte. Ich sagte zu ihm: »Schauen Sie her, mein Freund, ich bin lieber ehrlich mit Ihnen und sage Ihnen, daß ich Peale bin.« Worauf er in eine Welle tauchte! Ich erfuhr seine Meinung nie. Wir lachten beide und schwammen, und dann saßen wir eine Weile am Strand und plauderten.

»Sie haben so viel über Begeisterung geredet«, sagte er. »Sie zu besitzen ist natürlich eine wichtige Eigenschaft. Mein Problem ist nur: Bei jedem neuen Projekt beginne ich voller Schwung, aber nach einer Weile kühlt mein Enthusiasmus wieder ab. Ich kann einfach nicht durchhalten und motiviert bleiben. Aber ich bin sicher, ich würde in meiner Firma aufsteigen, wenn ich nicht so oft schlappmachte. Was stimmt nicht mit mir? Geben Sie mir doch einen praktischen Ratschlag, wie ich in Schwung komme und in Schwung *bleibe.*«

Der Mann schien ehrlich besorgt zu sein, und so schlug ich ihm vor, die folgenden Gedanken zu erwägen:

- Das Geheimnis, die eigene Persönlichkeit zu verändern, ist, in neuen Kategorien zu denken. Dies mag bedeuten, daß man die Gedankenmuster umerziehen muß, so daß die Begeisterung in allererster Rangfolge zu stehen kommt. Um zu verhindern, daß die Begeisterung zu schnell abkühlt, muß man in Begriffen wie »Erneuerung«, »Auftanken«, »Neubekräftigung« denken. Der Geist wird mit der Zeit die Vorstellung der uneingeschränkten Reserven annehmen. Dieser Gebrauch des Positiven Prinzips wird zur Durchhaltekraft der Begeisterung führen.
- Beginnen Sie diese mentale Übung, indem Sie sich selbst als einen völlig anderen Menschen als bisher ansehen – ein wahrhaft neues Individuum! Diese neue Person ist nicht mehr wankelmütig oder sprunghaft, sondern immer gleich motiviert, kraftvoll, einsatzfreudig. Was wir uns ständig vorstellen, wird sich als Tatsache manifestieren.
- Wenden Sie die Therapie des kreativen Wortes an! Verbessern Sie eine Schwäche Ihrer Persönlichkeit, indem Sie korrigierende Worte benutzen! Sind Sie zum Beispiel ein Mensch, der unter Spannung steht, wäre es sinnvoll, Worte wie »Ruhe«, »Konzentration«, »Stille« zu artikulieren. Die Wiederholung des

Wortes bringt die Vorstellung zustande, die es symbolisiert. Um Begeisterung zu schaffen, nehmen Sie sich einige Minuten am Tag, um Worte wie »aufregend«, »dynamisch«, »großartig«, »phantastisch«, »toll« zu sagen. Ich gebe zu, die Idee mag Ihnen auf den ersten Blick vielleicht etwas seltsam erscheinen. Und doch ist es eine Tatsache, daß unser Unterbewußtsein schließlich kraftvoll affirmierte, sich wiederholende Suggestionen aufnimmt.

- Und schließlich beschrieb ich ihm, was mir selbst immer hilft, meinen eigenen Enthusiasmus auf einem hohen Niveau zu erhalten. Es handelt sich um eine spezielle Affirmation. Dieser eine Satz hat aus vielen entmutigten begeisterte Menschen gemacht: »Dies ist der Tag, den der Herr macht; laßt uns freuen und fröhlich an ihm sein.«*

Mein Schwimmgefährte fand diese Ratschläge offenbar sinnvoll, denn er berichtete später, er habe diese Begeisterungsformel in Handlung umgesetzt – mit unglaublichen Resultaten. Die exakten Ergebnisse hat er mir nicht erzählt, nach der Begeisterung seiner Erzählung aber müssen sie sehr effektiv gewesen sein!

Alter und Begeisterung

Vielleicht sind Sie selbst nicht mehr ganz jung. Für Sie, wie für uns alle, ist Begeisterung besonders wichtig. Ich möchte über die Positiven Prinzipien sprechen, die dieses Gebiet betreffen. Wir leben nicht nach der Zeit, sondern nach Gottes erschaffender und wiedererschaffender Lebenskraft in uns. Diese Lebenskraft

* Psalm 118,24

wird nicht von dem menschlichen Zeitsystem reguliert. Für Gott sind »tausend Jahre vor dir wie der Tag, der gestern vergangen ist und wie eine Nachtwache.«*

Es ist wahr, daß wir unser Leben lang dazu konditioniert werden, daß die geistige und physische Kraft abnehmen muß, nachdem wir sechzig, siebzig, ja achtzig Reisen um die Sonne auf diesem wirbelnden Himmelskörper namens Erde hinter uns gebracht haben.

Wir sollten das Alter eher als Geisteszustand betrachten, dessen traditionelle Auffassung uns bisher gelehrt hat, unsere Lebenskraft müsse nachlassen; deshalb müßten wir »alt denken«, »alt handeln«, »alt sein«. Die faszinierenden Beschreibungen der Bibel sagen nichts über Zeitmaße wie Minuten, Tage, Wochen oder Jahre, sondern sie beziehen sich eher auf zersetzende geistige Haltungen. Der wahre Jungbrunnen liegt allein in der selbsterneuernden Haltung unseres Geistes! Er ist auf jeden Fall in dem dynamischen Gedanken gegenwärtig, daß wir jetzt und immer leben können. Nie habe ich vergessen, was General James Harley auf die Frage, warum die Jahre so wenig Spuren auf ihm hinterlassen hatten, antwortete: »Ich denke nie alte Gedanken.«

Leben Sie jetzt jugendlich!

Wenn aber die meisten von uns »sich den vorüberziehenden Jahren ergeben« und ihnen erlauben, uns alt zu machen, während andere von uns dem Zug der Zeit trotzen, und die Kraft und den Lebensgenuß, den man mit Jugend in Verbindung bringt, aufrechterhalten, ist es dann vielleicht unsere eigene Schuld, wenn wir al-

* Psalm 90,4

tern? Ist die Wirkung der Jahre auf unsere Körper wirklich eine persönliche Angelegenheit?

Es gibt keine wissenschaftliche Basis, die uns überzeugen könnte, daß die Jahre unseren Körper automatisch altern lassen. (Das gilt sicherlich auch für Geist und Verstand.) Es ist eher die Unwissenheit über die Wahrheit der Zeit, die uns vor der Ansammlung der Jahre ängstlich zusammenzucken läßt. Wir müssen dem Alter nicht unterliegen, wenn unser Geist nur genügend aufgeklärt ist.

Vergeßlichkeit, der wackelnde Gang, die zitternde Hand, dies sind alles Resultate des Mangels geistiger Anstrengung und werden nicht durch die Zeit verursacht. Es gibt keine Krankheiten, die allein auf das Alter zurückzuführen sind. Unsere gegenwärtige Vorstellung des Alterungsprozesses muß restlos revidiert werden. Und unsere »Alten«, die sich schon dieser Gehirnwäsche unterzogen haben, müssen auf die Ursache ihrer Leiden aufmerksam gemacht werden. Tägliche geistige und physische Übungen, wenn sie mit einem gewissen Grad von Disziplin durchgeführt werden, können die Lebenserwartung allein in einer Generation um zehn Jahre erhöhen.

Begeisterung ist der Schlüssel zur ewigen Jugend

Man fragt sich, ob ein enthusiastischer junger Mensch, der sein ganzes Leben lang in Schwung war, den Prozeß des Alterns einhalten und verlangsamen kann.

Ein Philosoph mag einen weisen Einblick gehabt haben, als er sagte: »Das Geheimnis des Genies ist, den Geist des Kindes ins Alter hineinzutragen.«

Kinder sind von Natur aus begeisterungsfähig, und

ein wirkungsvoller Mensch erhält diesen Geist sein Leben lang. Das Kind bleibt dynamisch, interessiert, eifrig, bis das negative Zeitkonzept es in seinem tödlichen Werk einfängt.

Das traurigste Phänomen im Menschenleben ist der Verfall der Begeisterung. Dieser Prozeß muß aber nicht stattfinden, wenn kreatives und Positives Denken zu einer ständigen Übung wird. Auch wenn unser Geist für diese Übungen nicht angemessen trainiert scheint, ist es immer möglich, ein solches Programm jederzeit zu beginnen. Unweigerlich wird damit eine machtvolle Wiedergeburt der persönlichen Kräfte stattfinden. Und, wer weiß, vielleicht auch der physischen Kräfte!

Ein gutes Beispiel ist der professionelle Serienautor, der sich darüber beklagte, er sei in seinem Job leer geworden. Es kämen keine neuen Ideen mehr. Sein Enthusiasmus hatte ihn verlassen, nichts schien ihn mehr zu motivieren oder zu aktivieren. Als hätte sein Geist ein Loch. »Pech«, meinte er trocken, »daß man nicht in die nächste Apotheke gehen kann, um eine Flasche Begeisterungselixier zu kaufen.«

»Doch, es gibt ein Heilmittel«, erinnerte ich ihn. »Diese Medizin gibt es zwar nicht in der Flasche, denn es ist ein Konzept Ihres Geistes. Es ist nicht schwierig, den Enthusiasmus wieder in Schwung zu bringen, Sie müssen nur wieder beginnen, begeistert zu handeln und so weitermachen, bis Sie mit der Zeit *wirklich* enthusiastisch werden.« Ich machte ihn auf das berühmte von Professor William James propagierte Prinzip aufmerksam: das »Als-ob-Prinzip«. Es bedeutet einfach nur, so zu handeln, wie man sein möchte. Dann wird man im Lauf der Zeit auch so. Wenn Sie ängstlich sind, handeln Sie als wären Sie mutig; mit der Zeit wird Ihre Angst geringer und Ihr Mut wächst. Wenn Sie zum Kritisieren neigen, beginnen Sie großzügig zu handeln! Denken Sie das Beste von allen und allem. Sie werden dann mit der Zeit weniger kritisch sein und ein größeres Mitgefühl entwickeln.

Das Prinzip funktioniert ähnlich, wenn es sich um ein Anwachsen der Begeisterung handeln soll. Beginnen Sie einfach enthusiastisch zu handeln! Das mag Ihnen anfangs vielleicht übertrieben oder unecht vorkommen. Sie werden sich womöglich nicht so schnell enthusiastisch fühlen. Aber machen Sie nur so weiter! Allmählich werden Sie schon enthusiastischer.

Aber ich konnte den düsteren Autor nur halb überzeugen, denn er fand diese Idee anscheinend zu einfach. Weil er unsicher war, meinte er, er könne seine Negativität nur mit komplexen Systemen besiegen. Später nahm er an einem Treffen teil, bei dem ich zu Verkäufern über positive Resultate bei Positivem Denken sprach. Ich machte sie damit vertraut, daß erfolgreiche Leistungen auf folgenden Grundlagen basieren:

- Kühles rationales Denken. Keine hitzigen emotionalen Reaktionen.
- Denken Sie nie negativ, denn der Negativdenker tut etwas sehr Gefährliches. Er pumpt negative Gedanken in die Welt und in seine Umgebung und aktiviert seine Welt so negativ. Aufgrund des Gesetzes der Anziehung – Gleiches zieht Gleiches an – zieht er negative Resultate auf sich zurück.
- Es ist wertvoll, enthusiastisch zu denken und zu handeln.

Um diesen dritten Punkt zu illustrieren, schlug ich vor, jeder Mann im Auditorium solle den nächsten Tag zum besten seines Lebens machen. Dafür sollte er nicht wie sonst stöhnend, seufzend und schimpfend morgens im Bett liegen und die Ohren seiner geduldigen Frau mit

Jammern und Negativismen ermüden. Statt dessen sollte er die Decke mit einer Gestik meisterhafter Selbstsicherheit von sich werfen, aus dem Bett springen und seiner erstaunten Frau zurufen: »Liebling, ich fühle mich herrlich!«

Anschließend sollte er unter der Dusche vor sich hin singen und die müden dummen Gedanken von gestern aus seinem Geist herauswaschen. Danach, bis in die Fingerspitzen lebendig, sollte er sich anziehen, sich zum Frühstück, das ihm seine Frau so liebevoll bereitet hatte, setzen. Er sollte es lange betrachten und sagen: »Dies ist das beste Frühstück meines Lebens.« Das würde seine Frau sicher derartig inspirieren, daß es am nächsten Tag bestimmt so sein würde. Danach hinaus in die frische Morgenluft! Vor der Türe noch ein liebevoller Abschiedskuß und folgender Vorschlag: »Liebling, weißt du was? Ich gehe jetzt in die Stadt und werde mit Begeisterung arbeiten und mich den ganzen Tag lang großartig fühlen.«

Wie schon gesagt, mein frustrierter Autor hörte diesen recht ungewöhnlichen Ratschlägen in meinem Vortrag zu. Er gestand mir nachher, er habe alles als weithergeholt und leicht aufgesetzt empfunden. Aber beim Ausprobieren stellte auch er fest, daß die Entscheidung, negativ oder positiv, trübsinnig oder begeistert zu sein, im eigenen Denken und Handeln getroffen wird: »Ob Sie es glauben oder nicht, ich habe Ihre komische Morgentechnik ausprobiert – und sie hat tatsächlich funktioniert! Sogar meiner Frau hat sie Spaß gemacht. Ich habe Ihr ›Als-ob-Prinzip‹ geschluckt. Ich weiß jetzt, daß der Enthusiasmus von allein zu mir kommt, wenn ich begeistert handle.«

Wird es Ihnen schnell »zu viel«?

Einige Menschen, die sich in ein »Zuviel-Lebensmuster«, das sehr hektisch ist, begeben haben, beklagen sich, daß ihr Enthusiasmus auf der Strecke bleibt. So beklagen sich beispielsweise Hausfrauen, Kochen, Waschen, Putzen seien die reinste Fronarbeit. Diese Einstellung verstärkt sich, wenn der Ehemann mit mieser Laune abends heimkommt und die Frau mit seiner Negativität ansteckt. Sieht so ein erfülltes Leben aus?

Zwei befreundete Paare repräsentieren geradezu die Extreme des Begeisterungsspektrums. Sie sind gleich alt und haben vier Buben. Eines der Paare ist immer im Streß. Als die beiden wieder einmal mir gegenüber jammerten, fragte ich sie: »Warum habt ihr vier Kinder, wenn sie euch so auf die Nerven gehen?« »Ach, es ist alles so öde und langweilig! Nichts als Arbeit, Arbeit und ständig Krach! Haben wir nicht auch ein Recht auf unser eigenes Leben?«

»Wo ist denn euer Enthusiasmus für die aufregende Gelegenheit, Eltern zu sein? Vier lebendige, gesunde, kräftige Jungen!«

»Okay, aber wir haben einfach die Nase voll!« So negativ endete unser Gespräch.

Und das zweite Paar? Ich traf sie kürzlich in einem Restaurant. Vater hatte Mutter, so schien es, zum Essen ausgeführt. Sie genossen es beide, aber konnten kaum erwarten, zu ihren vier tollen Jungen nach Hause zu kommen.

»Bill und ich verbringen eine herrliche Zeit mit unseren Söhnen. Jeder ist ganz anders und so interessant als Persönlichkeit.« »Los, Jane, beeile dich mit deinem Nachtisch und laß uns heimgehen! Ich habe den Kindern versprochen, ihnen die Geschichte vom verzauberten Flugzeug zu erzählen.«

Wollen wir nur hoffen, daß das erste Paar sich für sein Zuhause und seine Familie begeistern kann, bevor es zu spät ist! Lassen Sie uns hoffen, daß das zweite Paar nie seine Spitzenkunst des erfolgreichen Lebens einbüßt – immer in Schwung zu bleiben.

Müdigkeit und Enthusiasmus

Oft fühlen wir uns ermüdet von den ständigen Forderungen, und dies zehrt an unserer Begeisterung. Die Lösung ist, die Interessensgebiete in ein kreatives Muster miteinzubringen. Das zweite Paar, von dem ich sprach, ist in der Kirchenarbeit aktiv. Der Mann ist Mitglied der Diakonie, die Frau ist aktiv im Frauenklub. Sie spielen zusammen Golf und sind Zentrum eines lebendigen Freundes- und Bekanntenkreises. »Eines Tages«, sagte Jane, »werde ich eine zweite Laufbahn beginnen; doch einstweilen sind die Kinder meine Karriere. Falls Sie das erstaunen sollte: Ja, ich fühle mich frei und sehr kreativ.«

Das andere Paar, die beiden, deren Begeisterung verschwunden war, waren bisher nicht in der Lage gewesen, mit den Forderungen des Familienlebens fertig zu werden. Ihr Problem war ein Problem der Prioritäten. Sie hatten kein ausgeglichenes System ihrer Aktivitäten ausgearbeitet, in dem ihre Rolle als Eltern im richtigen Zusammenhang mit den anderen Aspekten des Lebens stand. Deshalb fühlten sie sich ständig überfordert.

Ein neuer Schwung Begeisterung könnte ihnen helfen, ihre Interessen besser in ihr Leben einzugliedern. Perfekte Organisation unterstützt die Entwicklung der Begeisterung; Mangel an Organisation dagegen kann uns so erschöpfen, daß alle Begeisterung stirbt. Es ist nicht einfach, mit den Anstrengungen fertig zu werden *und* gleichzeitig begeistert zu sein. Doch allein der Versuch führt schon unweigerlich zur Einschränkung der Müdigkeit. Begeisterung produziert Energie! Sie beschränkt die Vitalität in keinem Fall, sondern betont sie, weil sie geistig *und* emotional stimuliert. Harte Rückschläge, die aufeinander folgen, können verständlicherweise unsere Lebensqualität einschränken, zumindest eine Zeitlang. Und doch: Auch in diesen Fällen kann eine solide Begeisterung den schroffen Effekt lindern und dem einzelnen helfen, über die erlittenen Rückschläge hinauszuwachsen.

Diese Fähigkeit, mit Versagen, Kummer und Pech mit einem Lächeln umzugehen und nie die Begeisterung zu verlieren, sondern immer auf höchster Ebene in Schwung zu bleiben, ist eine der besten Demonstrationen des Positiven Prinzips. Die Menschen, die dies mit Erfolg betreiben und sich zu neuen Leistungen durchringen, haben etwas in sich, was man Glauben, Vertrauen und Zuversicht nennen könnte. Sie lernen, Schwierigkeiten hochherzig zu begegnen. Sie geraten nicht in Panik, sondern suchen immer nach Antworten und Lösungen. Für sie ist ein Versagen nur ein kleiner Zwischenfall in einem von Erfolg motivierten Leben, ein Vorfall, aus dem sie Wissen, Erfahrung und zusätzliche Kraft schöpfen. Jedesmal, wenn sie einen Rückschlag erleiden und ihn überwinden, kommen sie gestärkt aus der Situation hervor.

Menschen, deren Enthusiasmus sich selber erneuert, besitzen ein unschätzbares Attribut, das über andere Mängel hinweghilft. Begeisterung kann sogar mit ungenügend scheinender Ausbildung fertig werden, wie folgende Geschichte zeigt:

Ein neuer Verkäufer schrieb seinen ersten Bericht an die Hauptfirma, die erstaunt feststellen mußte, daß ihre »neue Hoffnung« die Rechtschreibung nur mangelhaft beherrschte. Bevor sie sich von ihrem Schock erholen konnte, kam bereits der zweite Bericht – eher noch schlimmer. Der Verkaufsleiter fürchtete sich, den Verkäufer zu behalten, wollte ihn aber auch nicht feuern. Er übergab das Problem dem Chef der Gesellschaft. Am nächsten Morgen waren die Mitglieder des Ivory Tower außerordentlich erstaunt, als sie zwei Blätter auf dem Mitteilungsbrett sahen und den Brief des Präsidenten darüber. »Ham zu fil zait damit ferbracht zu schraiben statt zu ferkaofen. kucken wir im beim verkaufen zu. Soll jeder brief von cooch lesen, der drausen tolle sache macht und so machen wi er.«

Es ist toll – einfach toll

W. Clement Stone, Industrieller und Philanthrop aus Chicago, begann seine Karriere mit sechs Jahren, als er im Süden der Stadt Zeitungen verkaufte. Durch starke Beschlußfähigkeit und Positives Denken wurde er einer der größten Verkäufer dieses Landes. Je mehr Geld er verdiente (und er machte viel), umso mehr gab er armen Kindern, Strafgefangenen, geistig Kranken und religiösen Gruppen, der Kunst und den Wissenschaften. Der verstorbene Dr. Arnaud C. Marts, einer der größten amerikanischen Spender für Wohltätigkeitszwecke, sagte: »Clement Stone ist einer der großzügigsten Männer, die mir jemals zu Gesicht gekommen sind.«

Mr. Stone verschenkt manchmal so viel, daß seine eigene Quelle in Gefahr gerät und er, wie alle Geschäftsleute, die Aufs und Abs der Wirtschaft erlebt. Doch er fängt sich immer wieder, weil er ganz im Prinzip des Fließenlassens lebt.

In all den Schwierigkeiten seines persönlichen oder Geschäftslebens habe ich nie gesehen, daß er einen Augenblick lang seine Begeisterung verloren hätte. Wann immer ich ihn anrief, um ihn zu fragen, wie es ihm ginge, bekam ich immer von einer energischen Stimme und einem kraftvollen Geist die lebendige Antwort: »Toll, einfach toll!« Ist das einfach nur ein Bravourakt oder oberflächliche Verleugnung von Schwierigkeiten? Keineswegs. Denn dieser Mann weiß, worum es geht. Er kennt Gefahren, er ist ganz realistisch. Doch der Unterschied zwischen Mr. Stone und anderen ist interessant. Mr. Stone liebt den Erfolg, weil er ihn genießt, weil er es liebt, Schwierigkeiten aus dem Weg zu räumen. Das Geld ist da, um Gutes zu tun, den Lebensstandard zu heben und andere dazu zu motivieren, ihr Potential zu benützen. Sein Enthusiasmus basiert auf dem brennenden Wunsch, andere zum Aufsteigen zu stimulieren.

In dunklen wie in sonnigen Tagen hat er immer die gleiche Reaktion: »Toll – einfach toll.« Als zerlumpter Straßenjunge, der Zeitungen verkaufte, wurde er von seiner Begeisterung in Schwung gebracht und hat sie über alle Hindernisse hinweg aufrechterhalten. Seine Methode ist, nie emotional auf das, was passiert, zu reagieren, sondern in allem das Positive zu finden. Er ist davon überzeugt, daß jede schwierige Situation einen Vorteil mit sich bringt. Mit dieser distanzierten Haltung des coolen, sachlichen Denkers ist es erstaunlich, wie viel mehr Erfolge als Versagen er zustande gebracht hat. Seine Fähigkeit, nie einem Rückschlag zu erlauben, seinen Enthusiasmus einzudämmen, hat diesen Mann in Schwung gehalten, ihn durch wilde wie auch durch ruhige Wasser hindurch geführt. Er ist ein hervorragendes Beispiel des Positiven Prinzips in Aktion.

In einem Flugzeug saß ich neben einem jungen Mann. Wir kamen ins Gespräch, und er erzählte mir, er sei Drogenabhängiger gewesen und habe immer mit der Polizei zu tun gehabt. Dann hatte man ihn dazu gebracht, ein Buch von Mr. Stone zu lesen. Zum ersten Mal in seinem verrückten Leben empfand der Junge einen Hoffnungsschimmer, daß einmal irgend etwas aus ihm werden würde. »Dieses Buch brachte mich in Schwung, und ich meine das wirklich«, sagte er mit einer Stimme, die Emotion nicht verbergen konnte. »Ich glaube, ich habe jetzt genügend Enthusiasmus, um immer in Schwung zu bleiben, egal, was mir noch bevorsteht.«

Die persönliche Erfahrung der Begeisterung

Ich habe meine eigene Methode, um immer wieder mit selbst erneuerndem Enthusiasmus in Schwung zu kommen. Ich bin sogar sicher, daß ich jetzt größere Begeisterung habe als jemals zuvor. Sie scheint beständig an Tiefe und Qualität zuzunehmen. Als Junge war ich enorm begeistert, doch persönliche innere Konflikte konnten mir sehr zusetzen. Dies ist jetzt zum Glück kein Problem mehr, denn ich habe diese Konflikte gelöst. Nun ist kaum noch etwas da, das den reinen Fluß meiner begeisterten Motivation stören könnte.

Das bedeutet nicht, daß es keine Probleme gäbe. Es gibt sogar viele, aber schließlich lernte ich diese Schwierigkeiten mit positiver Selbstsicherheit zu behandeln und mit ihnen erfolgreich fertig zu werden. Natürlich hatte ich auch meine »downs«, aber nicht so viele wie vorher, und sie hielten auch nicht mehr so lange an. Nicht etwa, weil ich perfekt wäre! Doch durch die Gnade Gottes fand ich endlich ein glückliches, aufregendes und siegreiches Leben, indem ich lernte, wie man sich durch einen sich selbst erneuernden Enthusiasmus immer wieder in Schwung bringt. Ich werde Ihnen erzählen, wie das zustande kam, was immer das für Sie bedeuten mag.

1932 wurde ich Pfarrer der Marble Collegiate Church in New York. Fünf Jahre lang hatte ich eine erfolgreiche Kirche in Syracuse geleitet, wo alles immer einfach gewesen war. Ich war geladen von grenzenlosem Enthusiasmus. Dann wurde ich zu dieser berühmten Kirche berufen, aber die Dinge sind nicht immer, wie sie scheinen, und ich wurde schnell gewahr, daß diese Kirche Schwierigkeiten hatte. Die Gemeinde war auf zweihundert Menschen zusammengeschrumpft. Sonntags war die große Kirche fast leer.

Dies alles fand während der großen Depression der frühen dreißiger Jahre statt, und es gab wenig Geld. In Syracuse war es mir gut gegangen, was ich von dieser neuen Verantwortung nicht gerade sagen konnte.

Ich gab natürlich alles, was ich an Gedanken, Energie, Gebeten aufbringen konnte, um die Dinge in Gang zu bringen. Aber es schien trotzdem nicht zu klappen. Und wenn, dann jedenfalls nur sehr langsam. Jeden Sonntag schaute ich auf die Reihen leerer Sitze. Von Montag bis Samstag fragte ich mich, wo ich das Geld herbekommen würde, um die Rechnungen zu bezahlen.

Nach einigen Monaten war meine Energie erschöpft. Ich war wirklich entmutigt, und der natürliche Enthusiasmus, der mich vorher über viele Hindernisse hinweggetragen hatte, schien den Abfluß hinunterzufließen. Schließlich war ich drauf und dran, mich geschlagen zu geben. Ich wäre zwar nicht fortgegangen, aber viel tiefer konnte ich auch nicht mehr rutschen. Ich lernte eine großartige Wahrheit, eine Tatsache, die für das Positive Prinzip grundlegend ist: Der Grund ist ein phantastischer Ort! Denn wenn man den Grund erreicht, kann man nicht weiter sinken. Von dort aus geht es nur noch aufwärts.

Meine Frau und ich reisten nach Nordengland, um Ferien zu machen und einen neuen Ausblick zu bekommen. Dort mußte meine arme Frau sich eine Menge negatives Zeug von mir anhören, bis sie es schließlich satt hatte. Sie führte mich zu einer Bank, am Ende des wunderschönen Gartens des Hotels. Sie deutete mir an, daß ich kein richtiges Mannsbild war, wenn mich meine Probleme so schnell niedermachten. Wie könnte ich es wagen, eine siegreiche Lebensweise zu propagieren und gleichzeitig selber besiegt sein!

Sie teilte mir dann mit – sanft, wie sie ist, kann sie auch ziemlich deutlich sein –, daß ich da sitzen bleiben würde, bis ich mein Leben mit allen meinen Problemen Gott übergeben hätte. Eigentlich war ich ja ihr Seelsorger – plötzlich war es umgekehrt, und sie wußte tatsächlich, wie man solche Fälle behandelt. Schließlich sprach ich auf ihre Anweisung hin folgendes Gebet: »Herr, ich kann mein Leben nicht in die Hand bekommen. Meine Probleme drohen mich zu erschlagen. Ich brauche Hilfe. Also übergebe ich hier und jetzt mein Leben Dir.«

Dies hatte einen seltsamen Effekt. Alle dunklen Gedanken schienen meinen Geist sofort zu verlassen. Ein sonderbares Gefühl des Friedens überkam mich. Ich war sicher, Gott und ich würden zusammen diese Kirche in den Griff bekommen. Ich fühlte mich, als ginge ich auf Wolken. Der alte Enthusiasmus und die alte Motivation kamen endlich zurück! Pläne, Ideen, Erneuerungen bombardierten meinen Verstand, und ich konnte kaum abwarten, nach Hause zu kommen, um sie in die Tat umzusetzen. Wenn ich sage, daß diese Erfahrung auf einer Bank in einem englischen Garten mir bis in die Gegenwart hinein selbsterneuernden Enthusiasmus geschenkt hat, rede ich die Wahrheit. Ruth und ich sind oft zu dieser Bank zurückgekehrt. Aber es war gar nicht nötig, sie wieder zu besuchen. Es ist nur so eine Art Pilgerfahrt an einen Ort, wo etwas Unvergeßliches geschehen ist. Finden Sie selbst Ihre eigene Bank irgendwo, kommen Sie in Schwung!

Das vitale Geheimnis erfolgreichen Lebens ist, durch sich selbst erneuernden Enthusiasmus in Schwung zu kommen, Begeisterung, die in der Tiefe verwurzelt ist und das Positive Prinzip aufrechtzuerhalten. Lassen Sie mich die Methoden zusammenfassen, die den Enthusiasmus auf hohem Niveau erhalten:

- Studieren Sie die Quelle der Begeisterung der neunzigjährigen einbeinigen Frau, die das Versprechen eines erfüllten Lebens als Tatsache angenommen hat!
- Denken Sie nicht, daß das Leben hinter Ihnen liegt, nur weil viel Zeit hinter Ihnen liegt.
- Leben Sie ab heute jugendlich!
- Vergessen Sie nie, daß all die Begeisterung, die Sie brauchen, sich in Ihrem Geist befindet. Lassen Sie sie raus! Lassen Sie sie leben! Lassen Sie sie motivieren!
- Üben Sie, Begeisterung zu denken. Üben Sie, Ihre Gedanken zu begeistern.
- Handeln Sie, als seien Sie begeistert. Glauben Sie, daß Sie es sind, und Sie werden es auch sein.
- Lassen Sie nie ein Tief Ihren Enthusiasmus dämpfen!
- Verringern Sie den schmerzvollen Effekt harter Schläge, indem Sie den Enthusiasmus energisch aufrechterhalten, auch wenn Sie sich darum bemühen müssen.

- Nehmen Sie immer die Haltung ein, daß Dinge »toll – einfach toll« sind, egal worum es geht! Dieses Prinzip kann schwierige Augenblicke wirkungslos machen.

5 Werden Sie wieder lebendig!

Silvesternacht in Rom. Wir lebten seit langer Zeit in New York, wo man doch tatsächlich in der Lage ist, so ziemlich jede Gelegenheit zu feiern. Doch meine Frau und ich hatten in New York nichts erlebt, was sich nur annähernd mit der Jahreswende in der ewigen Stadt vergleichen ließe! Es begann alles um die Mittagszeit am 31. Dezember, mit Schußsalven, einem ansteigenden Crescendo, das überall widerhallte. Als der Abend kam, durchschnitt Feuerwerk den Himmel bis Schlag Mitternacht, als das Chaos ausbrach und man aus jedem Viertel die Kanonenschüsse hörte, die sich zu einem enormen Klangkonzert vermischten, das immer stärker und stärker wurde. Wir schauten aus dem Fenster auf den Dom von Sankt Peter, um den herum Feuerwerkskörper flitzten. Es sah aus, als griffe eine große Armee die Stadt an. (Und der Hoteldirektor hatte uns ein ruhiges Zimmer versprochen!)

Doch das war noch nicht alles. Die Römer glauben, die Silvesternacht sei die richtige Zeit, um Altes loszuwerden und Neues aufzunehmen. Dies nicht etwa nur symbolisch, sondern ganz konkret, indem sie alte Kleider, altes Geschirr oder Stühle aus dem Fenster hinauswarfen. Unsere römischen Freunde hatten uns empfohlen, im Hotel zu bleiben, um zu verhindern, daß ein ausgedienter Fernseher auf unseren Köpfen landete.

Welch gute Idee – nicht nur für die Silvesternacht, sondern für jeden Tag! Das Wegwerfen alter Dinge geht weit über die Gegenstände, die man nicht mehr braucht, hinaus und bezieht sich auch auf alle alten, müden und düsteren Gedanken. Jede Nacht, bevor man sich zurückzieht, sollte man das Ritual geistiger Gedankenentleerung durchführen. Dann wird der Geist am nächsten Morgen wunderbar funktionieren. Also lassen Sie jede Nacht diese alten, müden, düsteren Gedanken fallen, und werden Sie lebendig!

Lektion eines Schneiders

Vor einigen Jahren in Brooklyn hatte ich einen guten Freund, der auch mein Schneider war. Immer wenn Mr. Pearson mir einen Anzug machte, gab er mir auch Anweisungen, wie ich ihn in guter Form erhalten sollte. Jeden Abend, wenn ich zu Bett ging, sollte ich alle Taschen leeren, damit das Kleidungsstück nicht durchhing. Dann zeigte er mir, wie man die Hosen aufhängte, den unteren Teil eines Beines über den anderen, auf einem Bügel gefaltet, so daß die Hose sich aushängen konnte.

Wie alle Männer trage ich eine Brieftasche, ein Etui für Kreditkarten, Schlüssel, Bleistifte und Kugelschreiber bei mir. Meine Taschen sind eine Art Ablage für alle Notizen und Memos, die ich während des Tages ansammle. Mein Taschenentleerungsprogramm führte dazu, daß ich die Memos ordnete und an einen Platz legte. Es machte mir Freude, diejenigen, die ich nicht mehr brauchte, auszusortieren und sie in den Papierkorb zu werfen. Ich legte, zusammen mit den Schlüsseln und allem anderen, die Notizen auf den Ankleidetisch, die ich morgens verwenden wollte. Die große Menge Erinnerungszettel wurden auf diese Weise geordnet und in übersichtlicher Anzahl gehalten, und ich konnte mit einem ruhigen Geist und ohne Schuldgefühle beruhigt ins Bett gehen.

Nachdem ich dieses Taschenentleerungsprogramm

einige Wochen lang praktiziert hatte und die Erleichterung, daß ich mit den Notizen gut umging, erfahren hatte, kam mir die Idee, die gleiche Prozedur auf die Gedanken anzuwenden, die man ansammelt, die verbrauchten Haltungen, die düsteren Eindrücke, Reue und Entmutigung, mit denen unser Geist zugeschüttet wird. Entsprechend begann ich mich um die alten, müden, toten Gedanken zu kümmern. Ich visualisierte ganz bewußt, wie sie aus meinem Bewußtsein hinausflossen, als flössen sie einen Abfluß hinunter. Ich affirmierte: »Diese Gedanken fließen jetzt aus meinem Geist heraus, aus ihm heraus. Sie fließen von mir weg. Sie fließen, fließen, fließen in diesem Augenblick von mir fort.«

Das Resultat war gesunder und ausruhender Schlaf, aus dem ich mit einem grenzenlosen Gefühl neuer Lebendigkeit erwachte. Dieses Programm half mir, die Energie und Vitalität zu reaktivieren, die ich für den folgenden Tag brauchte.

Ein Mann erzählte mir, er habe große Schwierigkeiten mit sich selbst. »Sie sind nicht der einzige«, sagte ich nachdenklich und dachte an die vielen Briefe, die ich von Menschen mit Problemen erhielt. Und ich dachte dabei auch an mich selbst. Denn ich muß gestehen, der Mensch, der mir im Laufe der Jahre die meisten Schwierigkeiten bereitet hat, war Norman Vincent Peale. Fast alle Menschen werden dies zugestehen, wenn sie ehrlich mit sich sind. Wenn wir unser eigenes Hauptproblem sind, so finden wir die Ursache in der Art der Gedanken, die uns normalerweise besetzen und führen.

Zu diesem Schluß jedenfalls gelangte der oben erwähnte Mann. Er wollte ehrlich eine konstruktive Arbeit leisten und bemühte sich, seine Arbeit zu perfektionieren, indem er Seminare und verkaufsmotivierende Schulungen besuchte. Zusätzlich verschlang er Fachliteratur und Ratgeber. Er kannte auch meine Bücher und versuchte, die Prinzipien des Positiven Denkens in die Tat umzusetzen.

Durch diese Haltung ließ er sich ständig inspirieren und fand starke, frische Motivationen. Doch konnte er seine Motivation jenseits eines gewissen Rahmens nicht aufrecht erhalten. Dieser Prozeß des Auf und Ab der Motivation wiederholte sich ständig. Er schien die positive geistige Haltung nicht aufrecht halten zu können.

Wenn er mit voller Begeisterung motiviert war, konnte er sehr gut verkaufen; doch wenn seine Geister wieder schwanden, fielen seine Verkäufe proportional zu dem Abfall seiner mentalen und geistigen Lebendigkeit. Ich schlug vor, er solle einen Kurs für psychologische Ratgebung mitmachen. Meiner persönlichen Meinung nach lag das Problem irgendwo in seinem intellektuell-emotionalen Ausgleichssystem. Aber er wohnte zweitausend Meilen weit fort, so daß ich ihm vorschlug, an Ort und Stelle Hilfe zu suchen, was er auch sofort tat.

Als ich seinen Brief beantwortet hatte, hatte ich unbewußt einen Gedanken beigetragen, der den weiteren Verlauf seiner Karriere maßgeblich beeinflußte. Ich hatte ihm einen Vers aus der Bibel zitiert: »Sei im Geiste erneuert.« Ich machte diesen Vorschlag, weil das sogenannte Abfallen seinen Ursprung oft in der Haltung hat, bevor es in der Handlung überhaupt sichtbar wird.

Einige Monate später traf ich ihn anläßlich einer Verkaufskonferenz in den Rocky Mountains persönlich. Er sagte, das Zitat aus der Heiligen Schrift habe für ihn mehr verändert als die sinnvollen psychologischen Sitzungen, deren er sich unterzogen habe.

Was bedeutet das, sich im Geiste zu erneuern? Es schien unserem Freund erst rätselhaft, doch die Idee ließ ihn nicht mehr los. Er wußte, was mit Mannschaftsgeist, Schulgeist, Firmengeist gemeint war, eine Art von »esprit de corps«, ein tiefes Gefühl, vermischt mit Loyalität und Durchhaltewillen. Der Prozeß des Denkens war vielleicht mehr als eine intellektuelle Übung. Es mußte so etwas wie einen Geist des Verstandes geben, so etwas wie eine emotional gefärbte Haltung von Hingabe, Erneuerung – *Inspiration.*

»Als Resultat dieses Denkens«, sagte er, »fand ich vier Prinzipien, die mir nicht nur ermöglichten, motiviert zu sein, sondern vor allem den Geist der Motivation zu erhalten und mich nicht von Rückschlägen oder Behinderungen beeinflussen zu lassen:

- Ich mußte die ganze Zeit die »Nur-so-weiter-Mentalität« bewahren.
- Ich mußte den Geist in mir pflegen, damit ich diese Haltung in guten, wie in schlechten Tagen aufrecht erhalten konnte.
- Ich mußte mich auf spiritueller Basis erneuern und regenerieren, um ständig im Geist meines Verstandes erneuert zu werden.
- Es war nötig zu glauben und zu affirmieren, daß nichts mehr meinem Geist die Krone nehmen könnte.

Diese vier Prinzipien hatten offenbar bei ihm ihre Wirkung getan. Das wurde in der Karriere dieses Mannes nicht nur in seiner Haltung, sondern auch in seiner Leistung sichtbar. »Wenn Sie diese Geschichte verwenden, bitte ich Sie, meinen Namen nicht zu erwähnen, denn, wenn ich mich für die Veränderung der spirituellen Grundlage des Lebens verantwortlich mache, kann das den Fluß der Kraft unterbrechen. Der Fluß der spirituellen Kraft aber ist für mich von wesentlicher Bedeutung. Einige erstaunliche Dinge begannen in meinem Leben zu geschehen; dann veränderten sich Dinge in meiner Familie und in meinem Beruf, als ich mich ernsthaft um meine Gedanken kümmerte. Das Wiederfinden des Geistes bewirkte jedoch die größten Veränderungen in mir und in allen, mit denen ich in Verbindung stand«, beschloß er.

Liebe bannt düstere Gedanken

Um alte müde, tote Gedanken fallen zu lassen und lebendig zu werden, hat die Liebe für die Menschen einen fast magischen Effekt. Wann immer ich merke, daß meine Gedanken schal werden, suche ich bewußt nach einer Gelegenheit, Liebe durch einen gedankenvollen und freundlichen Akt auszudrücken. Wenn ich das genügend tue, zeigt sich eine neue Kraft in meinem mentalen Zustand. Damit kehrt auch das Gefühl des Lebendigseins zu mir zurück.

Auch die Erinnerung an erlebte Freundschaft und erfahrenes Mitgefühl kehren die Ansammlung alter, müder und düsterer Gedanken aus unserem Verstand heraus. Durch sorgende Gedanken und liebevolle Handlung wird ein kraftvoller heilender Prozeß der mentalen und spirituellen Haltung in Gang gesetzt.

Ich möchte drei Geschichten erzählen, die alle drei mit Weihnachten zusammenhängen und dieses Prinzip anschaulich untermalen:

Auf einer Straße am Weihnachtsabend

Einige meiner eindrucksvollsten Kindheitsjahre verbrachte ich in Cincinnati, Ohio. Noch immer denke ich an den großen Weihnachtsbaum in Fountain Square – den leuchtenden Schmuck, den Frost auf den Straßen und den Klang der Weihnachtslieder. Oben auf der Straße, in der wir lebten, hatten unsere Eltern immer einen Weihnachtsbaum mit echten Kerzen, die, zusammen mit dem Tannenbaum, einen einzigartigen, unvergeßlichen Duft nach Wald ausströmten.

Eines Weihnachtsabends, als ich zwölf Jahre alt war, war ich mit meinem Vater, der Pfarrer war, unterwegs, um letzte Weihnachtseinkäufe zu machen. Wir waren beide mit Paketen beladen, und ich wurde etwas müde und ungeduldig. Ich dachte daran, wie gut es wäre, zu Hause zu sein, als ein alter, unrasierter Bettler auf mich zukam, meinen Arm mit seiner Hand umkrallte und um Geld bat. Er war so eklig, daß ich instinktiv zurückwich. Mein Vater sagte sanft: »Norman, es ist Heiliger Abend. Du solltest niemanden so behandeln.«

»Vater«, beklagte ich mich, »er ist doch ein Penner.«

Mein Vater antwortete streng: »Vielleicht hat er nichts aus sich selbst gemacht, aber er ist trotzdem ein Kind Gottes.« Er reichte mir einen Dollar, was damals viel Geld war. »Du sollst es diesem Mann geben und ihn respektvoll ansprechen. Sag ihm, du gibst es ihm im Namen Christi.«

»Ach, Vater«, protestierte ich. »Das kann ich nicht.«

Mein Vater aber klang entschlossen. »Geh und tue, wie ich dir gesagt habe.«

Also ging ich widerwillig. Ich rannte dem alten Mann nach und sagte: »Verzeihen Sie, mein Herr. Ich gebe Ihnen dieses Geld im Namen Christi.«

Er starrte auf den Dollarschein und dann schaute er

mich voller Erstaunen an. Ein wunderschönes Lächeln zeigte sich auf seinem Gesicht, ein Lächeln voller Leben und Schönheit, daß ich vergaß, wie dreckig und unrasiert er war. Mit einer fast eleganten Geste zog er den Hut: »Und ich danke Ihnen, mein junger Herr, im Namen Christi.«

All meine Irritation und mein Ärger waren verschwunden. Die Straße, die Häuser, alles um mich herum erschien mir plötzlich wunderschön, weil ich an einem Wunder teilgenommen hatte – die Transformation, die mit Menschen geschieht, wenn man sie als Kinder Gottes sieht, wenn man ihnen im Namen des Kindes, das vor zweitausend Jahren in einem Stall in Bethlehem geboren wurde, Liebe schenkt, im Namen eines Menschen, der nach wie vor mit uns lebt und immer gegenwärtig ist. Das war die Entdeckung jenes Jahres. Früh in meinem Leben begann ich zu verstehen, daß das Positive Prinzip ein tiefverankerter Teil liebevoller menschlicher Beziehungen ist.

Drama am Lebensende

Der Anruf erreichte meinen Vater spät in der Nacht. Er kam aus dem Bordellviertel der Stadt. Die Frau, die das Haus führte, sagte, eines der Mädchen sei sehr krank, läge sogar möglicherweise im Sterben und riefe nach einem Pfarrer. Würde mein Vater zu ihr kommen?

Mein Vater sagte zu. Kurz berichtete er meiner Mutter, wo er hinging. Dann fiel sein Blick auf mich: »Nimm deinen Mantel, Norman«, sagte er. »Ich möchte, daß du mitkommst.«

Meine Mutter war entsetzt. »Du willst doch nicht einen fünfzehnjährigen Jungen an so einen Ort mitnehmen!«

»Es gibt im menschlichen Leben viel Sünde, Trauer und Verzweiflung. Wir können Norman nicht ewig davon fernhalten«, antwortete er.

Wir liefen durch die verschneiten Straßen, und ich erinnere mich, wie die Weihnachtsbäume im Dunkeln leuchteten und glitzerten. Wir kamen an ein altes Fachwerkhaus. Eine Frau öffnete die Tür und führte uns nach oben in ein Zimmer. Dort, auf einem großen Messingbett, lag ein jämmerlich anzusehendes junges Mädchen, so zart und zerbrechlich, daß sie wie ein Kind aussah, kaum älter als ich.

Bevor mein Vater Pfarrer wurde, war er Arzt gewesen, und er erkannte, daß das Mädchen ernsthaft krank war. Er setzte sich an ihr Bett, und das Mädchen suchte seine Hand. Sie flüsterte, sie sei aus einer guten christlichen Familie und ihr täten die Dinge, die sie in ihrem Leben getan habe, leid. Sie wisse, sie läge im Sterben und habe Angst. »Ich war so schlecht«, sagte sie, »so schlecht.«

Ich stand an der Seite meines Vaters. Ich wußte nicht, was man hätte tun können, um ihr zu helfen, aber mein Vater wußte es. Er legte seine beiden starken Hände um ihre kleine Hand und sagte: »So etwas wie ein schlechtes Mädchen gibt es nicht. Es gibt Mädchen, die manchmal falsch handeln, aber es gibt keine schlechten Mädchen – und auch keine schlechten Jungen. Denn Gott hat sie gemacht und er hat alles gut gemacht. Glaubst du an Jesus?«

Das Mädchen nickte.

Er fuhr fort: »Dann sprich ›Lieber Jesus, vergib mir meine Sünden‹.«

Sie wiederholte diese Worte. »Nun«, sagte er, »Gott liebt dich, sein Kind, und hat dir vergeben. Wann immer die Zeit zum Sterben kommt, wird er dich in sein himmlisches Heim aufnehmen.«

Sollte ich hundert Jahre alt werden, ich werde nie das Gefühl von Kraft und Herrlichkeit vergessen, das dieses Zimmer erfüllte, während mein Vater für dieses sterbende Mädchen betete.

Die anderen Frauen, die dabei standen, hatten Tränen in den Augen – und ich selber auch. Alles Düstere, Verderbte wurde hinweggefegt. Plötzlich war Schönheit an diesem dunklen Ort. Die Liebe, die in Bethlehem geboren war, zeigte sich in diesem finsteren, elenden Haus, und nichts konnte ihr widerstehen. Sie schien alles Übel aus den Herzen zu waschen.

Unvergeßliche Heilige Nacht

Und noch eine Weihnachtsnacht. Diesmal in Brooklyn, New York. Ich war noch Junggeselle, hatte angenehmen Besuch von Freunden gehabt und sagte ihnen gerade auf den Eingangsstufen Lebewohl.

Die Häuser die Straße hinab und hinauf waren zu Ehren des Geburtstags Christi geschmückt. Auf einmal fiel mein Blick auf einige Girlanden an dem Haus gegenüber. Die eine trug die traditionelle rote Schleife, hell und freundlich, doch die andere hatte eine finstere schwarze Schleife, Symbol des Todes in der Familie, ein Trauerband.

Irgend etwas in diesem Gegensatz von Freude und Kummer machte einen seltsamen und bewegenden Eindruck auf mich. Ich fragte meinen Wirt darüber aus. Er sagte, ein junges Paar mit kleinen Kindern lebe in diesem Haus, aber er kenne sie nicht. Sie seien neu in der Nachbarschaft. Ich sagte gute Nacht und ging die Straße hinunter. Bevor ich weit gegangen war, ließ mich irgend etwas umkehren. Ich kannte diese Leute auch nicht, aber es war Heiliger Abend und, wo es

Freude oder auch Leid zu teilen gab, war ich berufen, es zu teilen.

Also ging ich zu der Türe und klingelte. Ein junger Mann öffnete sie und sprach auf angenehme Weise zu mir. Ich sagte, ich sei der Pfarrer der Kirche in der Nachbarschaft. Ich hatte die Bänder gesehen und wollte ihnen mein Mitgefühl ausdrücken. »Kommen Sie herein«, sagte er ruhig, »es ist sehr nett von Ihnen, zu kommen.«

Das Haus war sehr still. Im Wohnzimmer brannte ein Feuer. In der Mitte des Raumes stand ein kleiner Sarg, in dem der Körper eines kleinen Mädchens, etwa sechs Jahre alt, ruhte. Ich kann sie noch heute vor mir sehen, in ihrem hübschen, frischgebügelten weißen Kleid. Daneben stand ein leerer Stuhl, auf welchem der junge Mann gesessen hatte, um bei seinem Kind Totenwache zu halten.

Ich war so bewegt, ich konnte kaum sprechen. *Was für ein Heiliger Abend!* dachte ich, allein in einer neuen Nachbarschaft, ohne Freunde und Verwandte, und ein furchtbarer Verlust. Der junge Mann las meine Gedanken. »Es ist schon in Ordnung«, sagte er, als ob er mich ermutigen wolle. »Sie ist bei Gott, wissen Sie.« Seine Frau sei oben bei den zwei kleineren Kindern, und er führte mich hinauf, um sie mir vorzustellen.

Die junge Frau las zwei kleinen Jungen vor. Sie hatte ein wunderschönes Gesicht, traurig, doch gesammelt. Plötzlich wußte ich, warum diese Familie in der Lage gewesen war, zwei Bänder an die Tür zu hängen. Eines für das Leben und eines für den Tod. Sie hatten es getan, weil sie wußten, beides ist Teil des gleichen Prozesses, Teil von Gottes großartigem, mitfühlenden und perfekten Plan für uns alle. Deswegen konnten sie zusammen in Liebe und Würde, Mut und Annahme weitergehen.

Das junge Paar trat meiner Gemeinde bei, und wir wurden gute Freunde.

Einer der Hauptgründe, warum ich dankbar bin, ist, daß diese drei Erfahrungen ausgesprochener Liebe etwas Unvergeßliches in mir bewirkten. Sie zeigten mir eine wichtige Methode, um die alten müden und düsteren Gedanken, die sich mit Sicherheit ansammeln, wenn es keine Liebe und kein Mitgefühl gibt, loszuwerden. Dieser Aspekt des Positiven Prinzips ist für mich von unermeßlichem Wert.

Ungesunde Gedankenmuster blockieren kreative Inspiration und behindern die Fähigkeit, die größte Wirkung zu entfalten. Es gibt wohl nichts, was einen Menschen schlimmeren inneren Stürmen aussetzt, als Gedanken, die ihre Wurzeln in Angst, Haß oder Niedergedrücktheit haben. In der Bibel nennt man solche Menschen »von Dämonen besetzt«. Als die Menschheit sich weiterentwickelte, lächelte man eher amüsiert über solche Vorstellungen. Doch mit wachsender Aufklärung haben einige Forscher in menschlichen Angelegenheiten entdeckt, daß ein Mensch durch etwas, was man einen »mentalen Dämonen« nennen könnte, besessen sein kann. Das sind Geister, deren Wirkung so übel ist, daß das Dämonenkonzept vielleicht doch nicht zu weither geholt ist.

Sie tötete einen Teufel

In folgendem Brief sehen wir, daß das Positive Prinzip die kraftvolle Wirkung hat, den Geist von dem Teufel der Angst, dem schlimmsten Feind persönlichen Glücks und Wohlbefindens, zu befreien.

Lieber Norman Peale,
ich fand Ihr Buch »Leben kann Freude sein« in einer großen Bücherkiste eines Freundes. Es hat mein Leben verändert! Wir leben in einem weit entfernten Holzfällercamp, fünfunddreißig Minuten von einer Kleinstadt entfernt.

Mit vier sehr lebhaften Kindern war es mir oft zuviel gewesen, und ich hatte eigentlich immer Angst. Also nahm ich Beruhigungstabletten. Ohne die ging gar nichts mehr. Mit ihnen kam ich gerade *so zurecht. Ich hatte vor allem und jedem Angst.*

Dann begann ich Ihr Buch zu lesen. Über eine Woche hatte ich in meinem Haus nichts mehr getan. Sie können sich vorstellen, wie es aussah! Ich konnte gerade noch durchs Zimmer laufen.

Ich brauchte drei Tage, um es zu lesen – ein Rekord, denn normalerweise beende ich ein Buch an einem Nachmittag. Ich wollte die Methoden aller Leute, über die Sie schreiben, probieren. Ich war ganz außer mir, denn keine schien zu klappen. Also las ich und versuchte es noch mal. Mein Geist drehte Kreise, engere und engere.

Eines Morgens stand ich auf, nahm meine Pillen (aus Gewohnheit) und stellte fest, daß ich die ganze Nacht, ohne aufzuwachen, durchgeschlafen hatte. Das machte mir riesige Hoffnung, aber ich war sicher, ich könnte keinen Glauben aufbringen. Am Ende des Tages dämmerte es mir, daß Hoffnung die andere Seite des Glaubens und der Freude sein könne.

In der folgenden Nacht nahm ich keine Schlaftablette. Nicht aus Glauben oder Hoffnung, sondern weil ich es vergessen hatte.

Ich hatte auf ein sofortiges Wunder gehofft. Jetzt stellte ich fest, daß ein Wunder tatsächlich geschehen war. Das Wunder der Schöpfung dauerte sieben Tage. Das Wunder neuen Lebens dauert neun Monate. Auch wenn es länger dauert als einen Augenblick, ist es dennoch ein großartiges Werk Gottes!

Ich nehme jetzt überhaupt keine Pillen mehr, Gott sei Dank!

Zum ersten Mal in sechs Monaten ist mein Haus sauber, mein Haar gekämmt, meine Nägel sind manikürt.

Mein Mann ist sehr stolz auf mich und er frotzelte mich eines Abends. Er fragte, ob ich einen neuen Liebsten habe. Ich sagte ja: »Er heißt Jesus.«

Lassen Sie mich eine weitere Geschichte über einen langjährigen Freund erzählen, der mich in meinem Büro in New York anrief und sagte: »Ich bin in der Hölle.«

»Woher sprichst du?« fragte ich.

»Danbury, Connecticut«, antwortete er.

»Danbury kann man doch nicht als Hölle bezeichnen«, sagte ich. »Es ist eine sehr nette Stadt.«

»Natürlich ist die Hölle nicht in Danbury, sie ist in *mir*. Mitten in meinem Geist, und ich habe sie bis oben hin satt. Kann ich zu dir kommen?«

Ich sagte natürlich nicht nein. Abgesehen davon, daß ich den Mann als literarisches Genie sehr bewunderte, hatte ich auch große Zuneigung zu ihm als Freund.

Er lief in meinem Büro auf und ab. »Ich kann nicht länger schreiben«, stürmte er. »Es klappt nicht mehr. Keine Inspiration, keine Ideen, keine Fähigkeit, mich auszudrücken. Ich fühle mich tot. Genau – absolut tot.«

Ich gestattete ihm, seinen Gefühlen Luft zu machen. Ich erinnerte ihn daran, daß er einen überlegenen

Geist und große Fähigkeiten als Autor habe und daß er mit Ideen und Worten und der Fähigkeit, sich glänzend auszudrücken, ausgestattet sei.

»Aber ich kann nicht mehr richtig denken, weil mein Kopf voller behindernder Gedanken ist, die mich so plagen, daß kreatives Denken unmöglich ist.«

»Gut«, sagte ich, »laß uns alles raus holen! Laß uns eine richtige Katharsis mit Geistentleerung und anschließender Geistwäsche erleben. Komm mal davon herunter, unsere vertrauensvolle Beziehung als eine Begegnung zwischen einem armen verwirrten Kerl und seinem Pfarrer anzusehen! Und rede keinen Unsinn, denn ich merke sofort, ob du mir Unsinn erzählst. Die Therapie hat keinen Sinn, wenn du nicht mit völliger Ehrlichkeit all die kranken Gedanken ablegst, die deine Freude und dich selbst in diesem Prozeß zerstören.«

Während er sprach, schüttete er eine Masse von ängstlichen und furchtsamen Gedanken, vermischt mit schlimmen Schuldgefühlen, aus. Sie flossen in einem solchen Strom aus ihm heraus, daß sie eine tiefe Psychose aufzeigten, die zweifellos im Unterbewußtsein wurzelte. Natürlich brachte dieser Prozeß eine zeitweise Erleichterung. Doch ich schlug ihm Tiefensitzungen vor, die er über eine Zeit hinweg sorgfältig einhielt, mit dem Resultat, daß er schließlich in der Lage war, diese alten, toten, düsteren Gedanken fallen zu lassen und wieder an die Lebendigkeit zu kommen, die er monatelang nicht mehr gefühlt hatte. Er jubelte sogar, er habe sich nie so lebendig gefühlt. Außerdem war er wieder in der Lage, seine neubefreiten mentalen Kräfte aufrechtzuerhalten.

»Ich tötete den Teufel«, erklärte er, »und kam aus dieser Hölle raus, oder besser gesagt, ich warf die Hölle aus mir heraus, und ich bin glücklich. Es ist erstaunlich, wie diese alten, dunklen Gedanken meine Inspiration blockiert und die Motivation völlig zum Stillstand gebracht haben.«

Natürlich ist so eine völlige Erneuerung möglich. Es besteht kein Zweifel, daß das Loslassen alter, müder, ängstlicher oder depressiver Gedanken, einen starken Kraftfluß freisetzt. Wenn dieser Exorzismus stattfindet, können die inspirierenden und motivierenden Kräfte wieder ungehindert handeln. Außerdem schenkt es uns einen neuen Zugriff auf unser Kontrollpotential, so daß wir nun besser in der Lage sind, das Positive Prinzip aufrechtzuerhalten, egal wie feindlich die Umstände zu sein scheinen.

Wenn Sie also Probleme haben, die durch die alten negativen und düsteren Gedanken verursacht werden – welche Schritte könnten Sie unternehmen, um die Situation zu korrigieren?

- Putzen Sie die alten, ungesunden Gedankenmuster gründlich aus Ihrem Geist raus und werfen Sie sie weg – für immer.
- Übernehmen *Sie* Ihre Gedanken, statt sich von den Gedanken übernehmen zu lassen.
- Leeren Sie jeden Abend Ihren Geist von unglücklichen Gedanken, so wie Sie Ihre Taschen leeren.
- Tun Sie anderen Menschen Freundliches, denn nichts kann die Düsterheit so gründlich ausradieren, wie natürliche Fürsorge und Wohltätigkeit.
- Töten Sie den Teufel der Angst, der Minderwertigkeit!

6 Wie sieben magische Worte Ihr Leben verändern können

Die Macht der Worte und der Wortkombinationen kann Menschen auf erstaunliche Weise beeinflussen. William Lyon Phelps, bekannter Autor und Professor, sagte, die zehn größten Worte der englischen Sprache seien in der bekannten Äußerung Hamlets zu finden: »Sein oder nicht sein, das ist die Frage.«

Man kann nicht leugnen, daß diese Worte einen feierlichen und weitreichenden Gedanken über das menschliche Schicksal enthalten.

Auf einer Konferenz sprach einer meiner Co-Redner darüber, wie der Erfolg eines Geschäftes oder einer Unternehmung durch eine Formel erklärt werden könne. Er erzählte die Geschichte einiger großer Firmen und zeigte, wie diese ihren Erfolg der kreativen Idee des Ausdrucks verdankten: »Finde ein Bedürfnis und erfülle es.«

Und dennoch gibt es einen Satz aus sieben Worten, der wohl mehr Menschen berührt hat, als irgendeine andere Bemerkung, die jemals gemacht wurde. Er hat die Macht, Versagen auszulöschen, die Kraft zu stärken, Angst auszuschalten und Selbstzweifel zu überkommen. Er wird jedem von uns helfen, ein erfolgreicher Mensch zu sein. Diese sieben Wörter haben die unglaubliche Kraft, Sie zu alldem zu machen, was Sie jemals sein möchten: »Durch Christus kann ich alle Dinge tun ...«* Wenn Sie keinen christlichen Hintergrund haben, ändern Sie die Worte einfach und sagen

* Philipper 4,13

Sie: »Durch Gott kann ich alle Dinge tun«. In diesen sieben magischen Worten liegt Ihre Formel für Inspiration, Kraft und Motivation und die Fähigkeit durchzuhalten, immer durchzuhalten. Hier haben wir das Positive Prinzip in seiner allerstärksten Kraft.

Wenn Sie das Gefühl haben, ich übertreibe, oder wenn Sie die Macht der sieben Worte, Leben zu verändern und Karrieren zu motivieren, bezweifeln, lesen Sie die folgende Geschichte aufmerksam durch. Und bedenken Sie, daß etwas, was einem Menschen passieren kann, auch für einen anderen zutreffen mag.

Eines Abends hielt ich einen Vortrag im Radio in Danville, Virginia. In North Carolina fuhr gerade George Shinn in der Umgebung von Raleigh. Er stellte die Radiosendung ein. Sie schien ihn zu interessieren, und später bat er, daß unser Repräsentant ihn besuchen möge.

So lernte ich George Shinn, einen attraktiven jungen Mann, kennen. Einige Jahre zuvor hatten Mr. Shinn und seine Mutter Schwierigkeiten gehabt, auch nur mit dem Nötigsten auszukommen. Der Vater war gestorben und die Familie hatte Schulden. Seine Mutter, offensichtlich eine herausragende Frau, bediente an einer Benzinstation, war Angestellte in einem Supermarkt und arbeitete als Telefonistin. George wusch Autos, arbeitete in einer Bäckerei und später in einer Baumwollfabrik.

George absolvierte die Universität, aber seine Noten waren relativ schlecht. Er mußte Sommerkurse belegen, um sein Diplom zu machen. Um seine Ausbildung bezahlen zu können, trat er in ein Business-College ein und arbeitete als Hausmeister.

Dann geschah einer dieser unwichtig erscheinenden Vorfälle, aus denen große Dinge wachsen können. Eines Samstags, als er gerade seinen Putzpflichten nachkam, betraten zwei junge Frauen aus der Stadt das Gebäude, um sich über die Schule zu erkundigen. George nahm sich ihrer an. Er sagte nicht einfach: »Sehen Sie nicht, daß das Büro geschlossen ist? Kommen Sie am Montag wieder!« Sondern er war stolz auf die Schule und zeigte den Mädchen die Klassen, die Bibliothek, schrieb sie sodann als Studentinnen ein und nahm ihre Anzahlung entgegen. Sein Chef erhob ihn vom Hausmeister zum Studienberater. Später erwarb er weitere Schulen und bot George nach einer Zeit die Partnerschaft an. Nun befand er sich auf dem Weg zum Erfolg im Geschäftsleben – ein Partner in sechs Business-Schulen.

Die Partnerschaft hatte sich vielleicht zu schnell entwickelt. Finanzielle Probleme kamen auf. Die Schulen schienen sich dem Bankrott zu nähern. George befragte eine Anwaltskanzlei, Spezialisten für Firmenberatung. Er legte den Chefs der Firma alle Unterlagen vor. Sie studierten die Buchhaltung mehrere Stunden lang und sagten schließlich: »Wir müssen es Ihnen gerade heraus sagen. Sie werden verkaufen. Da nützt Ihnen auch kein Gebet.«

»Nein, nein«, rief George, »das kann nicht sein, das darf nicht sein.«

Benommen fuhr er die Landesstraße entlang, die Augen waren voller Tränen.

Von diesen Gedanken des Scheiterns überwältigt, verließ er die Straße und sank über dem Lenkrad in sich zusammen. Die Worte des Anwalts hämmerten in seinem Hirn. Und wenn etwas in einem Hirn hämmert, steht oft ein neuer machtvoller Einblick hervor. Genau das geschah in diesem Augenblick.

Plötzlich kam ihm eine Idee. »Aber ich *habe* ein Gebet. Natürlich habe ich ein Gebet. Das Gebet ist meine Hoffnung, das Gebet ist meine Antwort.«

»Ach, Herr«, begann er voller Demut, »ich möchte so gerne ein kreativer Mensch sein. Ich möchte so gern Dinge tun, die Menschen helfen. Ich lege mein Leben in deine Hand. Führe mich und leite mich an.« Dann fügte er ein Versprechen dazu, das ihn von einem Versager zu einem erfolgreichen Menschen machen sollte: »Herr, wenn du für mich denkst, will ich die Arbeit ausführen.«

Er wiederholte jeden Tag die sieben magischen Worte. George nahm sein Problem mit neuem Vertrauen und zunehmend konstruktiven Ideen in Angriff. Er begann seine Schulen neu zu organisieren und den Lehrplan zu erweitern.

Einige Menschen halfen, ihn zu finanzieren, als sie sahen, wie sehr er darum bemüht war, einen guten Service anzubieten.

Nun hatte der Verstand und Geist eine neue seltsame Fähigkeit entwickelt. Mehr und mehr Leute schrieben sich ein, neue Schulen kamen zu seiner Kette hinzu. Heute hat die einst fast bankrotte Organisation wieder fünftausend Studenten und sechshundert Angestellte, dient mehr als vierzig Firmen als Managementberatung und George ist seinen Prinzipien treu: Shinn gibt zehn Prozent seines Einkommens religiösen Werken. Er steht mit beiden Beinen auf der Erde, lebt bescheiden und nimmt seinen schnellen Erfolg mit Demut an. Er spricht oft öffentlich und macht in jeder Rede auf die Wunder Gottes aufmerksam: »Gott hat das Denken übernommen – ich die Arbeit.«

Wir müssen nicht versagen. Wir sind nicht dazu geboren, Versager zu sein, sondern Erfolg zu haben. Das Geheimnis liegt im Fallenlassen negativer Gedanken und Ausreden. Machen Sie sich mit einem Programm, welches von Gott geleitet wird, auf den Weg! Erfüllen Sie eine Politik des Gebens!

Dann können Sie werden, was Sie sein möchten.

Vertrauen Sie sich selbst!

Selbstvertrauen ist das erste Geheimnis des Erfolges – dies ist eine oft zitierte Bemerkung, die man Ralph Waldo Emerson zuschreibt. Wenn Sie die sieben magischen Worte üben, werden Sie feststellen, daß man tatsächlich alle Dinge tun kann. Sie werden feststellen, daß Sie auf dem Weg sind, die wichtigste aller Erfolgseigenschaften zu entwickeln – Selbstvertrauen und Glauben in sich selbst. Der Weg zum Erfolg geht nie über kleinliche Selbstzweifel oder Minderwertigkeitskomplexe. Erfolg bedarf eines demutsvollen, aber realen Sinns des Angemessenen, eines gesunden Selbstrespekts.

Die Ausübung der sieben magischen Worte führt zu einem gefestigten, gesunden Selbstvertrauen in die Qualität und Integrität Ihrer eigenen Person.

Eine australische Zeitung brachte eine faszinierende Geschichte über meinen langjährigen Freund, Sir John Walton. Der Artikel unterstrich die Bedeutung des Positiven Denkens und des Glaubens in seiner erstaunlichen Karriere und beschrieb detailliert seine wirkungsvolle magische Formel:

Ich sehe nicht, was einen Mann daran hindern sollte, sich an seinen eigenen Stiefelstreifen hochzuziehen, wenn er bereit ist, den Preis zu bezahlen.

Ich glaube, es gibt immer Gelegenheit, es zu schaffen, aber ich glaube auch, daß die große Mehrheit der Menschen nicht wirklich ihr Möglichstes tut. Sie geben auf, wenn es hart wird.

Man muß viele Stunden lang arbeiten, hart streben

und an seine Grenzen kommen, bevor man sein Ziel erreicht.

Das ist seitdem meine Philosophie gewesen. Man kann alles erreichen, wenn man Glauben in sich selbst hat.

Doch die Dinge waren für Sir John nicht immer leicht gewesen. Er erinnerte sich, wie er in der Schule nicht richtig mitkam, wie er es hart fand, bei einem Job zu bleiben. Erst nach einigen Jahren ging es aufwärts. Er verzichtete auf Alkohol und Nikotin und trat der *National Cash Register Company* als Verkäufer bei. Später ging er ins Management. 1951 kaufte Sir John mit der Hilfe zweier früherer NCR-Direktoren die Firma Murdoch, der Männeroberbekleidungsladen, der das erste Glied einer der größten Einzelhandelsketten Australiens werden sollte.

1970 wurde John Walton von Königin Elisabeth II. zum Ritter geschlagen.

Als zögernder, stolpernder junger Mann, der von hinderlichen Minderwertigkeitskomplexen niedergezogen wurde, mußte Sir John lernen, daß er an sich selbst glauben und vertrauen mußte, wenn er seine Hoffnungen und Träume erfüllen wollte. Er fand sich selbst durch die Philosophie und den Glauben, die in den positiven Lehren und Schriften enthalten sind. Seine Karriere beweist die Wahrheit, daß, wenn ein Mensch lernt, an Gott zu glauben und ihm in allem zu vertrauen, auch lernt, an sich selbst zu glauben und zu vertrauen.

Da ein Buch in gewisser Weise ein Dokument über die Erfahrung des Autors ist, muß ich gestehen, daß für mich Selbstvertrauen eines der Hauptprobleme darstellte. Ich habe oft erklärt, daß mein Minderwertigkeitskomplex wohl im Staate Ohio unübertroffen war.

Ich war schüchtern, zurückhaltend, ängstlich; ich zog mich zurück und war schamhaft.

Seltsam genug, trotz dieses jämmerlichen Minderwertigkeitsgefühls wollte ich immer öffentlicher Redner werden. Ich war beeindruckt, wenn ich irgendeinen der großen Redner dieser Tage hörte, Leute wie Theodor Roosevelt und William Jennings Bryan oder hervorragende Prediger – alles Meister öffentlicher Versammlungen. Ich wollte so sein wie sie.

Mein Vater war ein hervorragender Redner, der oftmals öffentlich sprach. Einmal betete er bei einer republikanischen Wahlversammlung in Columbus. Er war in der Beschreibung der erregenden Vorfälle der Geschichte und seiner großen Führer so eloquent, daß das Publikum in einen donnernden Applaus ausbrach, als er »Amen« sagte. Der Vorsitzende der Versammlung sagte: »Es war die größte Rede, die jemals bei einem politischen Treffen in Ohio gehalten wurde.« Doch mein Vater erinnerte ihn voller Demut daran, daß die Rede als Gebet an Gott gerichtet war.

Jedenfalls verstand mein Vater meinen Traum, öffentlicher Redner zu werden und beschäftigte sich mit meiner Nervosität und Schüchternheit, denn er hatte in seinen Jugendtagen das gleiche Gefühl gehabt. Er lehrte mich erst, daß ein Sprecher eine Botschaft braucht, an die er voll und ganz glaubt. Und daß er ganz aufrichtig sein muß. Er lehrte mich, daß ein wirklich großer Sprecher die Menschen liebt. Um sie zu erreichen, muß er in ihren eigenen Gedanken, in ihrer eigenen Sprache zu ihnen sprechen und Bilder verwenden, die sie wiedererkennen können. Wie ein Berg Feuchtigkeit sammelt, um sie dem Land als Regen zurückzugeben, so speichert ein guter Redner auch Hoffnungen, Träume und Bedürfnisse der Menschen und sendet sie ihnen als Inspiration zurück.

Als Pfarrer und Arzt war er bemüht, mir wirklich bei meinem Problem zu helfen. Er wußte, daß nur eine Tiefenrevision mir Selbstvertrauen geben konnte. Er behandelte meine Komplexe vorsichtig und mit Geschick. Monatelang betonte er die Tatsache, daß nur eine grundlegende Änderung meines Wesens mich von den Gefühlen des Nichtgenügens befreien könne. Er ermutigte mich, zu hoffen, daß es einen Weg der Veränderung gebe. Und allmählich führte er mich darauf zu.

Eines wunderschönen Sonntags im Sommer nahm mich mein Vater nach der Kirche auf einen langen Spaziergang mit. Wir stapften mehrere Meilen durch Wiesen und Wälder. Wir rasteten bei einem Bauernhaus, aßen, tranken Milch.

Als wir umkehrten, dämmerte es schon, und wir hatten noch fünf oder sechs Meilen zu laufen. Die Sonne sank und der Himmel leuchtete in der Schönheit des Sonnenuntergangs. Wir setzten uns auf zwei Baumstümpfe, um auszuruhen und schauten über die Felder.

»Norman, ich muß dir sagen, daß nur Jesus Christus dein Leben verändern kann«, begann er schließlich. »Wenn du dich in seine Hände gibst, wird er alle Angst, allen Selbstzweifel von dir nehmen. Er wird dich stark und vertrauensvoll machen. Willst du ein öffentlicher Redner werden und die Herzen von Männern und Frauen berühren, dann laß Jesus deinen Geist und dein Herz übernehmen. Tue es jetzt, hier mit deinem Vater, der dich liebt und an dich glaubt. Denk daran und vergiß nie die sieben magischen Worte: ›Ich kann alle Dinge durch Christus tun!‹«

Viele Jahre sind seit jenem Sonntagnachmittag vergangen. Doch selbst jetzt noch, wenn der alte Selbstzweifel wieder übernehmen will, höre ich durch die

Nebel der Zeit die Stimme meines Vaters: »Hab keine Angst, erinnere die sieben magischen Worte, und alles wird gut.«

Die sieben magischen Worte in Krisenzeiten

Wir sind oftmals mit Krisen und schwierigen Situationen konfrontiert; auch in diesen Zeiten versorgen uns sieben magische Worte mit der nötigen Kraft. Eines Tages traf ich einen Mann auf der Straße. Er hielt mich an, um mir zu sagen, er sei durch tiefe, dunkle Wasser hindurchgegangen. Seine Frau war im Krankenhaus, man hatte sein Gehalt gekürzt, sein heranwachsender Sohn war mit dem Gesetz in Konflikt geraten.

»Eins nach dem anderen«, sagte er. »Ist es nicht seltsam, daß die Probleme alle auf einmal kommen?«

Ich begann, ihm Methoden zu umreißen, wie er mit seinem Problem umgehen könne, doch er ließ mich einhalten. »Machen Sie sich keine Sorgen«, sagte er. »Ich benützte die Gelegenheit, Sie zu treffen, um mein Herz etwas zu öffnen, aber im Grunde genommen bin ich oben auf. Mich kann nichts niedermachen. Es wird schon alles gut ausgehen.« Auf dieser Straße stehend, hörte ich sie noch mal, die sieben magischen Worte – und nie klangen sie dramatischer und realer. »Ich kann alle Dinge durch Christus tun ...«

Er hatte, was er brauchte, um weiterzumachen.

Und hier eine Rekapitulation der Ideen, die in diesem Kapitel vorgestellt wurden:

- Die Kraft der Worte, das Leben zu verändern, kulminiert in den sieben magischen Worten: »Ich kann durch Christus alle Dinge tun ...«

- Mit diesen sieben Worten können Sie jede Niederlage überwinden.
- Denken Sie nie, Sie hätten kein Gebet. Sie *haben* ein Gebet, das Sie überall durchführt.
- Vertrauen und Selbstvertrauen sind Nebenprodukte der sieben magischen Worte.
- Lassen Sie das Selbstvertrauen Ihren Minderwertigkeitskomplex beseitigen!
- Lassen Sie in Krisensituationen die sieben Worte übernehmen. Sie werden Sie durch alles hindurchtragen.

7 Sie können Wunder vollbringen!

Die Haltung, die wir Problemen und Schwierigkeiten gegenüber haben, ist bei weitem der komplizierteste Faktor in der Kontrolle und Meisterschaft. Wichtige Voraussetzungen für den Erfolg sind Klugheit, Wissen, Geschicklichkeit und Einstellung. Ihre Einstellung ist am allerwichtigsten! Denken Sie: »Ich werde es weiterhin versuchen!« »Ich werde nicht aufgeben!« »Ich bleibe dran!«

Meine Mutter war eine sanfte, freundliche Frau. Aber sie konnte auch streng und diszipliniert sein. Es gab etwas, das sie uns Kindern nie gestattet hätte – mittendrin aufzuhören. Ich kann ihre Stimme noch vor mir hören, fest und klar: »Denk daran und vergiß es nie – die Peales geben nie auf.«

Von allen Fächern in der Schule war Mathematik für mich am schwierigsten. Ich mochte Englisch und Geschichte, Mathematik jedoch versuchte ich zu umgehen. Doch meinen Sie, Mutter ließ mir das durchgehen? Keinesfalls!

»Du kannst es schaffen, wenn du es nur immer wieder versuchst. Du machst dich am besten an die Arbeit und meisterst dieses Fach, denn ich lasse dich nicht vorher in Ruhe.«

Die weise Disziplin meiner Mutter zahlte sich später natürlich vielfach aus. Man hat mir zwar nie eine Professur in Mathematik angeboten, doch ich lernte eine grundsätzliche Lektion: Wenn man es nur immer versucht, hat man eines der größten Geheimnisse des Erfolges gelernt.

Diejenigen, die die Technik des Versuchs perfektionieren, mögen zwar vielleicht kein glänzendes Talent haben, aber sie kommen im Leben voran. Sie erreichen manchmal grenzenlose Leistungen, weil sie unbesiegbare Wettbewerber werden. Es wird für sie unmöglich, das Mittelmäßige anzunehmen oder etwas anderes als Perfektion anzustreben.

Wie halten Sie durch?

Um das Problem lang ausharrender Anstrengung zu bewältigen, muß die Macht unserer Vorstellung herausgefordert werden. Bilden Sie sich im Geist eine Vorstellung Ihres Ziels und stellen Sie sich vor, daß Sie gerade dabei sind, das Ziel zu erreichen.

Sie wünschen sich beispielsweise ein schönes Heim. Wie werden Sie es bekommen? Durch Sparen und durch harte Arbeit. Doch das kann ein langer, zäher Prozeß werden. Und wer weiß, wie lange Ihre Begeisterung mitmacht. Deswegen stellen Sie sich das fertig gebaute Haus schon vor. Dort steht es mit Rasen, Bäumen und Blumen drumherum. Sie hören schon, wie der Schlüssel sich im Schloß dreht. Und Sie treten ein.

Ziele werden immer erst geistig geformt, bevor sie wirklich werden.

Es gab einen Mann in New York, den eine meiner Reden dazu motivierte, ein Geschäft in Angriff zu nehmen, das er lange herausgezögert hatte. Er hatte das Gefühl gehabt, es nicht zustande bringen zu können. Ich schlug ihm vor, seine Phantasie auf der Stelle zu aktivieren und sich einen erfolgreichen Ausgang vorzustellen. Er solle sehen, wie sein Geschäft einen Erfolg nach dem anderen erlebe. Er wurde ein hervorragender Schüler dieser wissenschaftlichen Prinzipien der Wahrheit. Er begann das Beste zu affimieren und zu visualisieren. Nach kurzer Zeit hatte er einen Erfolg nach dem anderen.

Es war überaus interessant zu beobachten, wie dieser Mann die Technik dynamischer Visualisierung anwendete. Aus bescheidenen Anfängen heraus bewegte er sich – mit Hilfe einer Vierpunkteformel – nun beständig auf die Schaffung eines funktionierenden Unternehmens zu:

1. Beten
2. Visualisieren
3. Energie geben
4. Manifestieren.

Der Prozeß des Gebets, der Visualisierung, des Gebens von Energie und der Manifestierung übt eine tiefe Kraft auf die Erfahrung des einzelnen aus, der genug Verstand hat, ihn anzuwenden. Roy Burkhart lebte nach diesem kreativen Prinzip und verdankt ihm seinen unglaublichen Erfolg. Er veranstaltete in seiner Heimatstadt Columbus, Ohio, für eine Organisation namens World Neighbours, eine Campagne. Der Sinn dieser Organisation ist es, uns die weniger privilegierten Menschen in Erinnerung zu rufen. Roy organisierte ein riesiges Treffen und lud mich ein, zu sprechen.

Als ich am Tage des Treffens mittags in Columbus eintraf, regnete es in Strömen. Im Flughafengebäude traf ich Roy, dessen Gesicht begeistert leuchtete. »Toll dich zu sehen!« rief er. »Wie schön, daß du da bist! Der Saal ist bis auf den letzten Platz gefüllt.«

»Was meinst du damit?« fragte ich verwirrt. »Willst du damit sagen, daß das Auditorium mit seinen dreitausend Plätzen um zwei Uhr nachmittags bei solchem Regen schon voll ist, obwohl das Treffen erst in sechs Stunden beginnt?«

»Die Halle ist voll«, wiederholte er. »Bis zum letzten Logenplatz. Alle sind auf ein spezielles Treffen vorbereitet.«

Dann verstand ich. Der Saal war in seiner Vorstellung voll; die Menge darin wartete voller Begeisterung.

Kurz vor acht erreichte ich den Saal. Halbaufgeweicht spazierte ich auf die Bühne – und was sah ich? Eine große Menge, jeder Platz besetzt! Ich blickte auf Roys strahlendes Gesicht. War er überrascht? Keineswegs. Er hatte sich alles vorgestellt, es visualisiert, es vorausgesehen. Da merkte ich, daß der Saal sich im Geiste eines Mannes, der dafür gebetet, es visualisiert und seine Energie eingesetzt, gefüllt hatte.

Ich war so beeindruckt, daß ich bis heute nicht aufgehört habe, mich über diese seltsame Kraft der Vorstellung zu wundern, die dem Prinzip des »Immer-wieder-Versuchens« machtvolle Flügel schenkt. Wenn ich später vor einer Schwierigkeit stand, erinnerte ich mich an Roys »Der Saal ist voll«.

Die Technik der Visualisierung muß, damit sie Gültigkeit erlangt, sorgfältig und gründlich studiert werden, ist von einem positiven Glauben begleitet. Durch die Vorstellung üben wir das machbare und wirkungsvolle Bild.

Er sah sich als Gewinner

Es geschah im Bellrive Country Club in St. Louis, wo das Golfturnier der Vereinigten Staaten 1969 stattfand. Auf der großen Informationstafel standen die Namen aller großen Golfspieler, aller Gewinner früherer Wettbewerbe.

Ein Mann stand vor dem Brett. Für den noch unbekannten Gewinner dieses Jahres war ein Platz freigelassen worden. Doch der Mann, der dieses Brett jetzt betrachtete, sah in diesem leeren Platz einen Namen vor seinen Augen: seinen eigenen, Gary Player.

In seinem aufregenden Buch *World Golfer* heißt das erste Kapitel »Den Sieg visualisieren«:

Trotz der großen Hitze spielte ich sehr gut. Nach fünfzehn Löchern war ich meinem Konkurrenten um drei Schläge voraus. Allerdings machte ich während des weiteren Spiels einen schlimmen Fehler und verlor meinen Vorsprung. Doch als ich mich konzentrierte, übernahm der positive Teil meines Geistes. Ich mußte einen schwierigen Schlag versuchen, um Kel, meinen Gegner, zu überholen. Warum nicht versuchen?

Es klappte an diesem Tag ganz gut. Doch der Sieg war mir noch keineswegs sicher. Den Sieg visualisieren? Ich tat es zwar immer noch, aber ich würde warten müssen.

Die Runde des nächsten Tages begann ich mit frischer Kraft, und ich spielte gut. Nach vier Löchern war ich Kel Nagel um einen Schlag voraus. Er muß unter großem Druck gestanden haben, denn er holte falsch aus und traf eine Zuschauerin genau auf dem Kopf. Blut strömte aus dem Kopf, und sie fiel ohnmächtig vorne über. Ich versuchte Kel zu beruhigen, doch seine Glückssträhne war vorbei.

Das Resultat nach achtzehn Löchern: Ich hatte den größten Golfwettbewerb Amerikas gewonnen!

So wurde also der Name Gary Player genau dort auf dem Siegerbrett eingetragen, wo Gary ihn visualisiert hatte! Doch natürlich beschränkte sich diese großartige Leistung nicht auf geistige Übung allein. Player arbeitete, ständig darum bemüht, seinen Schlag, sein gesamtes Spiel zu perfektionieren. Er strebte immer nach mehr.

Der große Sportler benützte eine Kraft, die in seiner langen und besonderen Karriere Wunder bewirkt hat. »Der Glaube«, sagte er, »ist die dynamischste Kraft in meinem Leben. Er schenkt mir mehr Energie als alles andere. Der Glaube in Gott und in andere und in mich selbst. Für mich sind die jedenfalls untrennbar.«

Die Methode entspannter Bemühung

Zu der Technik des nimmermüden Versuchens muß auch zu gegebener Zeit eine entspannte Haltung der Mühe gegenüber miteingeschlossen sein. Zu viele ehrliche und gewissenhafte Menschen verwenden ihre gesamte Mühe darin, ihr Ziel zu erreichen. Doch am Ende steht ihre Kraft kurz vorm Zusammenbruch, ohne das Ziel, für das sie jedes Gramm Kraft eingesetzt haben, erreicht zu haben. Sie werden Opfer des Überdrucks. In diesen Fällen ist es sinnvoll, die entspannte Methode des Versuchens anzuwenden – der Ansatz, die Ruhe zu bewahren.

Er besteht darin, die Anspannung anhaltender Bemühung zu unterbrechen, die geballte Willenskraft, die antreibende Ausdauer durch *Loslassen* zu entspannen. Bei unflexiblem Überdruck droht Gefahr. Der kreative Fluß, der wesentlich ist, um die Dinge gut zu bewältigen, kann auch unterdrückt werden. Das Resultat: man kann nicht mehr wirkungsvoll arbeiten und Leistungen vollbringen.

An einem wunderschönen Wintertag arbeitete ich auf unserer Farm hart an einem Artikel, den ich in kürzester Zeit abgeben mußte. Ich stand in der Morgendämmerung auf und begann schon vor dem Frühstück zu arbeiten, um mittags fertig zu sein. Auf keinen Fall durfte und wollte ich mich ablenken lassen.

»Man kann alles erreichen, wenn man arbeitet und dran bleibt«, sagte ich zu mir selbst. Eine Zeitlang ging alles gut, und ich kam wunderbar voran. Die Worte marschierten wie die Soldaten, die Ideen hatten einen rhythmischen Fluß. »Ich hab's ja bald geschafft«, freute ich mich. Plötzlich aber waren alle Ideen wie weggewischt. Ich fachte meine nachlassenden Energien an, mußte mir aber schließlich eingestehen, daß mir nichts mehr in den Sinn kam.

Schließlich warf ich den Stift hin, stand auf, ging im Zimmer auf und ab und setzte mich entschlossen wieder hin. »Das halte ich jetzt durch, und wenn ich den ganzen Tag hier sitzen muß. Diesen Artikel schreibe ich jetzt fertig!« Aber es ging nicht. Die Eingebung war einfach auf und davon!

Ich schaute aus dem Fenster auf die weiße Landschaft, sah die weißen Hügel gegen einen klaren blauen Himmel. Überall glitzerte es wie Millionen von Diamanten, die von der Hand eines Riesen ausgestreut waren. »Was, zum Teufel, tue ich hier?« fragte ich mich. »Warum bin ich nicht draußen und tue, was mir Spaß macht?«

Schnell zog ich Windjacke und Pelzmütze an, nahm warme Handschuhe und ging zur Küchentür. Dort saß mein großer Hund Tonka, der geduldig auf einen Ausflug wartete. Tonka und ich überquerten den Rasen, auf dem ein halber Meter Schnee lag, liefen das Tal hinunter über eine Wiese und begannen trotz der eisigen Kälte zu schwitzen. Tonka und ich blieben stehen, um dem Singen des Windes zuzuhören.

Später kamen wir an einem alten roten Schuppen vorbei, und wir standen schließlich an dem kleinen Fluß, bis an seine Ufer voll mit Wasser und mit einer

Eisschicht überzogen. Ich schaute zu, als Tonka leichtfüßig über das Eis glitt, einer Stelle zu, von der aus er das kalte Wasser erreichen konnte, und trank. Tonka, der circa hundertfünfzig Pfund wiegt, schien sich auf dem Eis so gut zurechtzufinden, daß ich beschloß, ihm nachzugehen. Doch es muß wohl einen Unterschied zwischen Vier- und Zweifüßlern geben, denn auf halbem Wege brach das Eis. Ich wurde etwa drei Fuß tief in eiskaltes Wasser befördert. Ich kämpfte mich ans Ufer zurück und stapfte anderthalb Meilen durch den schweren Schnee bergauf, gefolgt von meinem treuen Tonka. Die Anstrengung wärmte mich zwar, doch ich hüllte mich zu Hause vorsichtshalber in einen Bademantel und setzte mich vor den brennenden Kamin, während ich ein großes heißes Glas Zitronensaft trank. »Du wirst dir noch den Tod holen«, warnte mich Ruth, und ich sah mich schon mit Lungenentzündung meine literarische Karriere beenden.

Doch plötzlich funkte es in meinem Kopf. Die Idee, um die ich so verbissen gekämpft hatte, tauchte plötzlich auf. Gedanken begannen aus meinem Geist zu fließen, wie der Strom, in den ich gefallen war. Ich eilte zurück in mein Arbeitszimmer und schrieb die Worte schnell auf das Papier. Um vier Uhr war er getippt und auf dem Wege.

Das soll nicht heißen, daß man, wenn man mit der harten Arbeit nicht weiter kommt, ins Freie gehen und in einen Fluß fallen soll, vor allem nicht, wenn er auch noch eisig ist. Doch die Weisheit verlangt Nachlassen, wenn Überdruck da ist, Ausweichen aus überzogener Bemühung. Entspanntes Versuchen, die Verbindung von Bemühung und Entspannung, stellt das Gedankengleichgewicht wieder her und erlaubt so den Ideen, wieder frei zu fließen.

Drama bei der Weltmeisterschaft

Carl Erskin, ein alter Freund, war vor wenigen Jahren Starwerfer im Baseball. Er hatte den Wurfrekord in der Weltmeisterschaft aufgestellt und einige Jahre gehalten. Mit ihm habe ich oft über die Gefahr des Überdrucks gesprochen. Er hat mich auf die Bedeutung unserer mentalen Fähigkeit, in Gedanken hinein auszuweichen, hingewiesen: sich ruhig zu stellen, auch wenn man sich inmitten eines harten Spiels befindet.

Er erzählte mir von einem Spiel an einem extrem heißen Tag, als großer Druck auf ihm lastete und ihn sichtbar ermüdete. Plötzlich kehrte seine Erinnerung an einen nebligen Morgen zurück, als er und ein anderer Werfer beim Fischen waren. Vom jenseitigen Ufer des Flußes kam das Singen eines Morgengebets an sein Ohr – ein altes Kirchenlied von Frieden und Ruhe. Die wenigen Sekunden dieses »Gedächtnistrips« gaben Carl die Kraft und Ruhe zurück, und er konnte wieder wirkungsvoll spielen.

Bei einem Spiel der Weltmeisterschaft stand er wieder auf der Anhöhe. Er spielte gut, und es stand vier zu null für seine Mannschaft. Doch plötzlich übernahm die gegnerische Mannschaft den Ball und machte – wegen seines Fehlwurfs – zwei Punkte. Charlie Dressen, der Mannschaftsmanager, nahm ihn beiseite: »Carl, ist das nicht dein fünfter Hochzeitstag?«

Erstaunt bejahte Carl.

»Werden Sie nicht Betty heute zum Abendessen ausführen?« fuhr Dressen fort.

Alle von uns haben uns gefragt, was sich Werfer und Trainer in solch dramatischen Augenblicken eines Baseballspiels wohl gegenseitig sagen. Carl war selber erstaunt. Er schaute sich in dem mit 70 000 aufgeregten Fans vollgepackten Stadion um, während sein Manager ruhig darüber sprach, ob er seine Frau ausführen würde.

Dressen gab Erskin den Ball zurück: »Du bist mein Mann, Carl. Beende dieses Spiel, bevor es dunkel wird.«

In den sechs folgenden Runden schlugen neunzehn gegnerische Spieler den Ball, aber keiner brachte ihn ins Ziel. Die Dodgers gewannen schließlich das Spiel.

Dressen wußte, was er tat. Mit vollständigem Verstehen, mit Vertrauen und Psychologie brachte er einen Läufer zur Ruhe, der zu verbissen gekämpft hatte. Der Manager wußte, daß sein Werfer die Fähigkeit und Kontrolle haben konnte, um das Spiel zu gewinnen, wenn er sich nur entspannen konnte. Er benützte einen kleinen Umweg, um die Spannung zu unterbrechen und eine entspannte, kraftvolle Kontrolle wiederherzustellen. Er erneuerte in Carl die Fähigkeit, unter Druck durchzuhalten.

Erlauben Sie Gott, Ihnen beim Versuchen zu helfen!

Dorothy Sheckels, eine meiner Leserinnen, schickte mir einen wunderschönen, gestickten Wandbehang. Es handelt sich um eine kunstvolle Arbeit einer Frau, die durch viele Kümmernisse hindurchgegangen ist. Nach einer langen Zeit frustrierender Umstände wandte sie sich an Gott: »Wenn du mich schon nicht ändern kannst, setze mich halt dort ein, wo ich nützlich bin.«

Sie kam auf die Idee für Familie und Freunde zu sticken – und wurde im Lauf der Zeit zur Expertin. Dann bat sie jemand, für ihn eine Stickerei anzufertigen. Ihre erste Reaktion war Ängstlichkeit. Doch sie gab sich einen Ruck, und ihr Glaube half ihr.

Ich erwähne dies, denn die Stickerei, die sie mir schickte, ist Ausdruck eines fesselnden Gedankens subtiler Weisheit: Versuchen Sie nicht, alles selber zu machen, sondern lassen sie es Gott durch Sie tun!

Wie die Spitzensportler vorher, lernte diese Frau ein wichtiges Geheimnis: Versuchen Sie nicht, zu krampfhaft etwas zu erreichen; erlauben Sie Gott, Ihnen zu helfen. Die beste Art, Ihre Ideen in Fluß zu bringen, ist, zu glauben; erlauben Sie Gott, der Sie geschaffen hat, Sie zu erneuern!

Dieses Kapitel unterstreicht folgende wichtige Punkte:

- Sie werden nie wissen, was Sie wirklich zustande bringen können, bevor Sie es nicht wirklich versuchen.
- Bleiben Sie bei der Sache – arbeiten Sie daran, halten Sie durch!
- Ständiger Versuch läßt uns das Ziel erreichen.
- Benützen Sie die erstaunliche Kraft der Vorstellung, damit Ihr Versuch noch wirkungsvoller ist.
- Beten Sie, visualisieren Sie, geben Sie Energie, setzen Sie etwas in die Tat um!
- Stellen Sie sich Ihr Ziel vor! Sehen Sie es jetzt, wie es schon zur Tatsache geworden ist.
- Lernen Sie das Prinzip entspannten Versuchens!
- Wenn der Versuch Sie leer macht, lenken Sie den Geist um, unterbrechen Sie die Spannung. Die Ideen werden wieder fließen.
- Erlauben Sie Gott, Ihnen beim Versuchen zu helfen. Experten kommen durch diesen Prozeß zustande. Halten Sie das Positive Prinzip immer aufrecht!

8 Wie Sie auch in unangenehmen Situationen kreativ reagieren

»Jeder trägt – wie soll ich es nur nennen – in sich eine gute Botschaft.« Ich entdeckte diese geistreiche Bemerkung auf der Wand eines wunderschönen Hauses in Bermuda. Ich besprach die Bedeutung dieser herausfordernden Worte mit dem Hausherrn, Geoffrey Kitson. Diese Botschaft besagt, daß wir mit Gottes Hilfe alles haben, um mit beunruhigenden Situationen fertig zu werden und in ihnen kreativ zu reagieren.

Wenn Sie mit einer unangenehmen Situation konfrontiert sind: betrachten Sie sie genau, stärken Sie Ihren Glauben, zapfen Sie wieder das Positive Prinzip an. Sie werden die Situation bewältigen, wie kompliziert und schwierig sie auch erscheinen mag. Wir sagen bewußt »erscheinen mag«, denn normalerweise hängt die Lösung des Problems davon ab, wie wir es betrachten. Die meisten Lösungen werden durch unsere mentale Sicht bestimmt. Also betrachten Sie Ihre angeblich beunruhigende Situation auf kraftvolle und positive Weise und wenden Sie das Positive Prinzip an, um eine wirkungsvolle Reaktion hervorzurufen!

Lassen Sie uns erst einmal wohl eine der Situationen betrachten, in die man geraten kann: Man wird arbeitslos. Kaum jemand hat dies prägnanter ausgedrückt als ein Vater von neun Kindern:

Ich bin 52 und wurde als Abteilungsleiter vor kurzem gefeuert. Hundertfünfzig Mal habe ich meine Unterlagen verschickt.

Weniger als zehn Prozent sind überhaupt beantwortet worden, fünf Prozent baten um zusätzliche Informationen, und weniger als vier Prozent forderten mich zu einem persönlichen Interview auf. Doch ich blieb ohne Job.

Wie damit leben?

Mein Tag beginnt und endet damit; ich fühle mich wie gelähmt.

Dinge, die immer selbstverständlich erschienen, fallen auseinander: Man kann seine Krankenversicherung nicht mehr aufrechterhalten, ist nicht in der Lage, die Raten für die Lebensversicherung zu bezahlen. Die Bank schlägt Alarm, Rechnungen bleiben unbezahlt. Man kann seinen Vierzehnjährigen nicht für das gute Zeugnis belohnen; das Selbstvertrauen schwindet gänzlich.

Man beneidet fast jeden, der einen Job hat, egal welchen.

Und spät abends, wenn das Haus still wird und man das Licht im Schlafzimmer löscht, ist man mit sich allein, so allein wie noch nie zuvor. Man liegt und schaut in die Dunkelheit. Ob man das Haus verliert, für das man sein ganzes Leben gearbeitet hat?

Wie können wir diesem Menschen helfen? Der erste Schritt wäre, ihn daran zu erinnern, daß auch er die »gute Botschaft« in sich trägt.

Deshalb gibt es auch eine Antwort, eine Lösung. Wichtig wäre es für ihn, mit Affirmationen zu beginnen. Man könnte folgende Formel vorschlagen: »Mit Gottes Hilfe und Führung kann ich diese Situation kreativ lösen. Ich bin gerade dabei, eine solche Lösung zu finden.«

Wiederholen Sie diese Affirmation, bis die Idee in

Ihr Unterbewußtsein wandert und dort als Tatsache angenommen wird. Sofort werden die positiven Kräfte in Aktion treten und die Affirmation zu Wirklichkeit werden lassen. Bedenken Sie, daß auch eine negative Affirmation sehr kraftvoll ist! Wenn Sie ständig einen schlimmen Ausgang affirmieren, wird Ihr Geist alles tun, um diesen Ausgang zu verwirklichen. Deshalb muß der erste Schritt sein, sich Ihrer eigenen kreativen Kraft bewußt zu werden. Und der zweite ist, die erfolgreiche Lösung nicht nur als möglich zu affirmieren, sondern sie als schon erfüllt und als erfolgreich zu betrachten. So wird sie sich allmählich materialisieren.

Der erste Schritt, um mit einer beunruhigenden Situation fertigzuwerden, bedeutet, sich zu beruhigen, der Panik zu widerstehen. Man hat einfach die Tendenz, in schwierigen Krisenaugenblicken emotional zu reagieren. Und der Prozeß mentaler Beruhigung verlangt eine starke Disziplin.

Wir müssen uns jedoch immer darüber bewußt sein, daß unser Geist im erhitzten Zustand nicht gut funktioniert, oder wenn er von Gefühlen überladen ist. Nur wenn er ruhig und kühl bleibt, kann er geschmeidig und wohlgeordnet arbeiten. Nur dann können wir rationale, objektive und distanzierte Einblicke haben, die zu Lösungen führen. Wenn wir mit einer schwierigen Situation konfrontiert sind, ist es wesentlich, geistig gesammelt zu sein.

Ein Mann, der ebenfalls eine solche schwierige Periode von Arbeitslosigkeit durchlebt hat, erzählte mir, wie er dies geschafft hat. Seine Methode war, Bemerkungen durch den Geist hindurch zu lassen, wie etwa: »Er wird Frieden bewahren, dessen Geist in dir ruht«.*

* Jesaja 26,3

Oder: »Komm zu mir, ich will dir Frieden geben«.* Oder: »In der Stille und im Vertrauen liegt deine Kraft«.**

Er war ein unbefangener Mann, dem es leichtfiel, im Geist friedliche und ruhige Szenen zu rekonstruieren. So konnte er plötzlich eine Brücke in Vermont an einem bunten Herbsttag vor sich sehen oder einen entfernten Strand an der Küste von Maine. Diese »Übungen erinnerten Friedens«, wie er sie nannte, kühlten die Hitze in seinem Kopf.

Ein Mensch, der panisch auf eine schwierige Situation reagiert, wird vielleicht protestieren: »Sie kennen ja meine Situation nicht! Wie wollen Sie sie denn überhaupt verstehen?« Seine Reaktion ist verständlich, und es ist wichtig, dafür Mitgefühl zu haben. Und dennoch kann diese Haltung nicht gültig sein, denn viele Menschen, die im Positiven Prinzip leben, bekommen keine Panik.

Mir fällt die schreckliche Erfahrung Bryan Steeds ein. Wenn jemand wirklich jemals in einer schrecklichen Situation war, so dieser kanadische Buschpilot, der für Forschungsarbeiten ein Wasserflugzeug in ein einsames Gebiet flog. Er landete ohne Schwierigkeiten auf dem See, doch als er sich wieder startbereit machte und sich in Windrichtung wendete, wurde seine Mütze ins Wasser geweht. Also wendete er das Flugzeug, brachte es in die Nähe der schwimmenden Mütze und drosselte die Geschwindigkeit. Als er aus dem Flugzeug kletterte, um die Mütze zu ergreifen, wurde er durch eine Welle aus dem Gleichgewicht gebracht. Seine Füße rutschten, und er fiel auf den Propeller zu. Bryan Steed fühlte einen Schlag auf die Schulter und

* Matthäus 11,28
** Jesaja 30,15

fand sich im Wasser strampelnd wieder. Er fühlte keinen besonderen Schmerz und meinte, er hätte sich wohl gestoßen. Sein rechter Arm fühlte sich seltsam an, und so schwamm er nur mit dem linken. Als er schließlich wieder ins Flugzeug klettern wollte, bemerkte er, daß sein rechter Arm von dem Propeller sorgfältig von der Schulter getrennt worden war und daß er aus der Schulter stark blutete. Er wußte, wenn er nicht sofort etwas unternahm, würde er verbluten. Der Gedanke, lieber zu sterben, streifte ihn. Wie sollte er nur mit einem – linken – Arm leben! Doch als er an seine Frau und seine kleinen Kinder dachte, verschwand die Todessehnsucht wieder. Was aber tun? Er wurde schwächer, und das Blut strömte aus dem Stumpf an seiner Schulter.

Warum ergriff ihn keine Panik? Die Antwort: Er besaß festen unerschütterlichen Glauben. Er wußte, daß ihm Hilfe zuteil werden würde – bessere Hilfe als menschliche. Er fand die Kraft, um in das Cockpit zu klettern. Sein »Helfer« zeigte ihm, wie er mit einer Hand die Schulter abbinden konnte. Er machte das Flugzeug zum Start fertig und flog, ohne ohnmächtig zu werden, zu einer Basis, wo er von zwei Freunden ins Krankenhaus geflogen wurde.

Pilot Bryan Steed beschreibt dieses unglaubliche Erlebnis, an dem manch ein anderer zerbrochen wäre, folgendermaßen: »Viele Menschen sagten mir, die meisten Piloten hätten in dieser Situation Panik verspürt. Vielleicht wäre mir das auch passiert, hätte ich nicht die Wahrheit dieser Worte gekannt: ›Gott ist unsere Zuversicht und Stärke, eine Hilfe in den größten Nöten, die uns getroffen haben‹.«*

Panik ist menschlich; Menschen aber, die so fest

* Psalm 46,1

glauben wie er, sind offensichtlich in der Lage, sie zu meistern.

Ein anderer Fall, der mich sehr bewegt hat: Während ich an einem Buch arbeitete, erhielt ich vor mehr als zwanzig Jahren ein Ferngespräch. Am Apparat war ein Mann, der einige meiner Bücher gelesen hatte und dringend mit mir sprechen wollte. Ich hörte mir die Geschichte seines verlorenen Jobs an, lauschte der Schilderung seiner nutzlosen Bemühungen, eine neue Stelle zu finden. Ich ließ ihn reden, weil er dabei vielleicht selber eine Lösung für sein Problem finden würde. Dieser Mann besaß die beneidenswerte Fähigkeit, ein Problem klar und deutlich darzustellen. Er war nicht negativ, beklagte sich nicht, war auch nicht bitter, schien jedoch verständlicherweise verstört zu sein, daß er nicht in der Lage gewesen war, im Geschäftsleben wieder anzuknüpfen. Deutlich spürte ich seine Angst vor der Zukunft; dennoch war sie kontrolliert, obwohl es ihm schwerfiel.

Schließlich sagte ich: »Sie wissen keine Antwort auf Ihr Problem und ich auch nicht. Ich schlage vor, Sie ziehen einen Ratgeber hinzu, der es besser als alle anderen zusammen weiß und legen Sie Ihm den Fall am besten direkt vor. Überlassen wir es Ihm, daß Er Ihnen den Weg zeige.«

Er verstand sofort, was ich meinte. »Gut, sprechen Sie für uns beide mit Ihm.«

Dort, durch das Telefon, mehr als tausend Meilen von dem Anrufer entfernt, bat ich um die erwünschte Führung. Der Annahme folgend, daß irgendwo ein Job auf diesen Mann wartete, bat ich darum, daß Mann und Job zusammenkämen. »Lassen Sie mich wissen, was geschieht«, sagte ich und war von der Antwort überrascht: »Ich habe das seltsame Gefühl, daß etwas passieren wird, und zwar bald. Haben Sie vielen

Dank.« Dann begann das Positive Prinzip zu arbeiten, um eine intelligente Lösung zu finden.

Etwa drei Wochen später erreichte mich ein Telefongespräch. Der Mann hatte offenbar eine Arbeit in einem Restaurant gefunden, eine völlig andere Beschäftigung, als er gesucht hatte. Dieser Job war nicht annähernd so gut bezahlt wie der frühere, aber gut genug, um durchzuhalten. Er muß sich in dieser neuen Arbeit bewährt haben, denn später kaufte er selber zwei Restaurants und arbeitete erfolgreich, bis er etwa siebzehn Jahre später starb. Als ich ihn damals fragte, wie er die Gelegenheit zu dieser Arbeit bekommen hatte, antwortete er: »Es war wirklich seltsam. Ich aß gerade in diesem Restaurant und fand, es sei ein gutgeführter Ort. Es war relativ billig, aber alles war ordentlich und sauber, und offensichtlich leitete es jemand, der Phantasie besaß. Plötzlich hatte ich das Gefühl, ich würde gern für diese Leute arbeiten. Es schien mir fast, als sei ich zu Hause, als müsse ich einfach dort sein. Während ich also meine Rechnung bezahlte, bat ich darum, mit dem Manager zu sprechen. Er war ein freundlicher Mensch, und ich merkte, daß er mich zu taxieren versuchte. Es war mehr als nur eine triviale Konversation. Schließlich sagte er: »Es ist seltsam, aber vielleicht sind Sie gerade zur richtigen Zeit vorbeigekommen. Sehen Sie, der Mann, der meine rechte Hand war, starb vor zehn Tagen. Seitdem versuche ich alles allein zu machen, aber ohne Ralph fühle ich mich verloren, denn er wußte immer genau, was es zu tun gab. Er hatte immer alles unter Kontrolle. Kennen Sie sich in dieser Branche aus?«

Ich antwortete ehrlich: »Ich verstehe gar nichts davon, außer den allgemeinen Geschäftsprinzipien«, sagte ich. »Aber Ihr Restaurant scheint – wie soll ich es nennen – ein gewisses Etwas zu haben. Ich nehme an, ein Restaurant zu leiten, heißt, Menschen in einer angenehmen Atmosphäre gutes Essen zu vernünftigen Preisen anzubieten und dabei einen netten Profit zu machen.«

Der Besitzer grinste: »Nicht schlecht, gar nicht schlecht. Ich dachte mir schon, der richtige Mann würde von alleine kommen. Geben Sie mir Ihre Referenzen! Sind Sie auch bereit, die lange Arbeitszeit auf sich zu nehmen?«

»Ich werde bestimmt zu Ihnen halten«, antwortete der Mann. »Ich habe das Gefühl, es soll alles genau so sein.« Und so war es auch. Später wurde er Partner, und als der andere sich zurückziehen wollte, zahlte er ihn aus; später kam ein zweites Restaurant hinzu.

Er berichtete mir seine Erfahrung bewegt: »Irgend jemand war auf meiner Seite.«

Ich möchte hinzufügen, daß dieser »Irgend jemand« immer auf unserer Seite ist. Zweifeln Sie nie daran!

Einige Menschen sind angeschlossen

Die Menschen, die auf schlimme Erfahrungen kreativ reagieren, zeigen fast ausnahmslos bestimmte beeindruckende Eigenschaften. Sie geraten nicht in Panik, sie werden nicht emotional, sie denken kühl, distanziert und objektiv. Diese Art Menschen nimmt einen positiven Gesichtspunkt ein und weist das Negative von sich, egal wie unangenehm die Situation im Augenblick sein mag. Ohne Ausnahme halten sie an ihrem Glauben fest, der ihnen hilft, das Positive aktiv weiterzuführen.

Vielleicht stehen religiöse Menschen wie sie in dem Ruf, verschroben zu sein. Dabei betrachten solch »angeschlossene« Menschen spirituelle Konzepte als den wahrhaft wissenschaftlichen Lebensweg. »Wissenschaftlich« heißt in diesem Zusammenhang, auf eine Art zu denken, die auf beweisbaren Techniken basiert. Die Wissenschaft ist im Gedankenbereich nicht weniger gültig als im Laboratorium. Denn sie basiert in beiden Fällen auf funktionierenden und bewiesenen Sätzen.

Vor einigen Jahren machte einer von Amerikas größten wissenschaftlichen Genies eine Prophezeiung, die sich jetzt als so wahr herausstellt, daß Menschen, die darüber Bescheid wissen, nun die Gültigkeit spiritueller Prinzipien als nachprüfbare wissenschaftliche Prozeduren anerkennen. Diese Prinzipien funktionieren, wenn man sie funktionieren läßt. Der Glaube produziert Resultate. Kraft arbeitet durch den Verstand ebenso wie durch Drähte.

Der erwähnte Wissenschaftler war der berühmte Dr. Charles Steinmetz, der, befragt, welcher Teil der Forschung sich in den nächsten fünfzig Jahren am meisten entwickeln würde, antwortete:

Ich glaube, die größten Entdeckungen werden auf spiritueller Ebene gemacht werden. Eines Tages werden die Menschen lernen, daß die materiellen Dinge kein Glück schaffen und daß sie wenig dazu beitragen, Männer und Frauen kreativ und kraftvoll zu machen. Dann werden die Wissenschaftler der Welt ihre Laboratorien in Plätze des Studium Gottes und des Gebets und der spirituellen Energien verwandeln, die man bisher kaum untersucht hat. Wenn dieser Tag kommt, wird die Welt in einer Generation mehr vorankommen als in den letzten vier.

Schwierige Situationen aus meiner eigenen Sicht

Wenn ich über schreckliche Situationen rede, spreche ich hier nicht aus reiner Theorie. Denn auch ich habe meinen Anteil an diesen Problemen. Sie entstanden beispielsweise, nachdem meine ersten Bücher zu Bestsellern wurden – ein Erfolg, der den Zorn einiger Geistlicher erregte. Ihre aggressive Haltung wurde in einer Zeitschrift als »Zorn der Intellektuellen« bezeichnet. Einige von ihnen predigten sogar wider das »Peale-Fieber«.

Vor dieser Erfahrung hatte ich immer geglaubt, alle Pfarrer seien tolerant.

Der Grund für ihre Antireaktion war wohl meine direkte, einfache Sprache. Meine Bücher verwendeten Gedankenformen, die auch für den Mann auf der Straße zu verstehen waren.

Ihre Botschaft war, daß man durch positive Haltung im Leben bessere Dinge erreichen, seine Arbeit und sich selbst besser entwickeln konnte. Deshalb wehrten sich die Kritiker, die von Beruf aus wohl fast immer negativ sind, schon allein bei der Erwähnung des Wortes »Erfolg«.

Was auch immer die Gründe ihrer heftigen Reaktionen war, war doch der Prozeß, der über meinem Haupt losgelassen wurde, bemerkenswert. Ich wurde von meinen Gegnern lautstark bearbeitet. Ich war erschüttert und verletzt, und ich konnte diese Behandlung nicht verstehen. Meine Bücher sollten doch den Menschen helfen!

Ich fand den Weg, um die Situation zu bewältigen

Ein natürlicher Impuls in einer solchen Situation ist es, zu kämpfen, das zurückzugeben, was man bekommt. Einige Freunde schlugen vor: »Antworte deinen Kritikern doch unmißverständlich!« Doch dies schien mir nicht ratsam; außerdem wären damit die Wahrheitsprinzipien, an die ich glaubte und die ich lehrte, nichtig gewesen. Ich versuchte also nach innerem Kampf das aktive Prinzip der wissenschaftlichen Arbeiten, die ich selber vorgeschlagen hatte, für diese beunruhigende Situation anzuwenden.

- Ich beschloß, nicht auf die Kritik einzugehen, noch mich zu verteidigen, sondern sie still hinzunehmen.
- Ich beschloß, jede Kritik daraufhin zu untersuchen, ob sie vielleicht angebracht sei und wenn ja, meine Position zu korrigieren.
- Ich gab mir die größte Mühe, zu meinen »Feinden« freundlich zu sein. Manchmal gab ich eine Liste empfohlener Bücher heraus und empfahl auch die Bücher meiner Hauptangreifer. Das tat ich natürlich nur, wenn ich sie für gute Arbeiten hielt.
- Ich lehrte weiterhin, daß das Christentum eine wissenschaftliche, praktische und durchführbare Lebensweise ist, eine Philosophie von Gedanken und Handlung, die jedem in allen Umständen helfen konnte. Täglich nahmen Tausende diese Lehren zu ihrem Nutzen an, wie ich aus der Anzahl von Briefen der Wertschätzung ersehen konnte.

Entweder ich überlebte meine Feinde, oder sie sahen die Dinge schließlich in einem anderen Licht; oder aber die Ansichten, die ich ausgedrückt hatte, wurden schließlich besser angenommen. Was immer auch geschah, allmählich ließ die Opposition nach. Viele, die einst heftige Gegner gewesen waren, schrieben, sie hätten ihre Meinung geändert, nicht nur über meine Gedanken, sondern auch über mich persönlich. Mit Gottes Hilfe konnte ich, so stellte ich fest, das Positive Prinzip aufrechterhalten. Der Enthusiasmus für die Botschaft, die ich den Menschen mitteilen wollte, wurde um keinen Deut verringert.

Wenn wir trauern

Da sich meine Schriften in erster Linie mit menschlichen Problemen befassen, bekomme ich Tausende von Briefen von Menschen aus allen Teilen der Welt, die mir von den unangenehmen Situationen erzählen. Sich mit der Flut dieser Hilferufe auseinanderzusetzen, ist tief bewegend, denn Botschaften zeigen das ganze Panorama menschlichen Leidens.

Eine der schwierigsten Situationen ist die Trauer über den Tod eines geliebten Menschen. Es gibt kaum einen größeren Schmerz als diesen, den wir oft als Schlag, Schock, als tiefen scharfen Schmerz empfinden, von dem wir uns nur langsam wieder erholen. Um einen Menschen, der unter diesem Verlustschock leidet, wirklich zu unterstützen, ist echte Liebeszuwendung wohl die effektivste Hilfe. Aber viele Menschen gestehen, daß sie nicht in der Lage sind, die Anteilnahme, die sie aufrichtig spüren, mitzuteilen. Worte sind in der Tat nicht so wichtig. Eine Haltung, die Zuneigung ausdrückt, ist schon allein heilend.

Als junger Mann wurde ich zur Beerdigung eines kleinen Mädchens nach Brooklyn gerufen. Der Leichnam des Mädchens, ganz in Weiß und Rosa, lag in einem weißen Sarg. Ich war stark berührt. Zögernd stand ich da und versuchte den verstörten jungen Eltern Tröstliches zu sagen, allein kein Wort kam aus mir heraus. Schließlich ging ich auf sie zu, legte spontan meine Arme um sie: »Hört zu, ihr beiden. Vergeßt nie: Gott liebt euch!« Mehr brachte ich nicht heraus.

Vierzig Jahre später sagte mir der Vater: »Als Sie an diesem schrecklichen Tag die Arme um uns legten, wußten wir, daß Sie uns liebten; Sie ließen uns wissen, daß die Liebe Gottes wirklich ist.«

Liebe, die große Heilerin

Kluge Worte, gewählte Sprache, nichts besitzt die gleiche Kraft, Wärme zu vermitteln, wie liebende Freundschaft. Ich fand oft, daß die verbale Kraft der Schrift, um die Leidenden zu trösten, vor allem auf der ständigen Wiederholung der Liebe Gottes beruht. Wie viele fanden in Kummer und Einsamkeit, Friede und Trost in solch heilenden Worten, wie: »Ich bin die Auferstehung und das Leben, wer an mich glaubet soll das ewige Leben haben.«*

Ein Industrieller verlor seine Frau nach fünfzig Jahren Ehe. Kurz darauf sagten mir Freunde, daß Alfred P. Sloan, ehemaliger Direktor von General Motors, mit mir reden wollte, weil er untröstlich war.

Er fixierte mich durchdringend und begann mit der ihn charakterisierenden Direktheit: »Ich werde Ihnen eine direkte Frage stellen und möchte eine direkte Antwort. Keine vagen Verallgemeinerungen, bitte.«

»Fragen Sie; Sie werden eine direkte Antwort erhalten.«

* Johannes 11,25–26

»Werde ich jemals wieder mit meiner Frau vereint sein? Oder ist sie für immer für mich verloren?«

»Wenn sie, wie Ihre Frau, im Glauben leben, werden Sie sie nach dem Tod, wo es auch keine Trennung gibt, wiedertreffen. Bis dahin werden Sie auch hier auf dieser Erde ihre Nähe spüren.«

Er suchte meinen Blick. »Sind Sie sicher?«

»Absolut sicher«, antwortete ich. Er war zu gebildet, um philosophische Beweise zu verlangen. Alles, was er brauchte, war das Positive Prinzip, auf das er seinen momentan erschütterten Glauben stützen konnte. Später erzählte er mir, wie sie ihm in allem fehle, wie er in seinen Geschäftsentschlüssen ihrem Urteil getraut hatte. Als ich diesen großen, jetzt aber verletzten und einsamen Mann betrachtete, fühlte ich, wie mich Liebe für ihn erfüllte. Ohne lange nachzudenken, trat ich zu ihm, legte sanft meine Hand auf seinen Kopf. Tränenüberströmt, wie ein Kind, sah er mich an. Als er mich später zur Tür brachte und sich von mir mit festem Händedruck verabschiedete, sagte er: »Danke, es geht jetzt wieder; ich werde schon durchhalten.«

Nie werde ich Myron Robinson vergessen

Ich habe selbst erfahren, wie hilfreich wortlose Liebe sein kann, weil ich Coronel Myron Robinson kenne. Er war ein großer rauhbeiniger Mann, ein prominenter Politiker aus New Jersey. Sein Herz war so groß wie die ganze Welt, und er war Mitglied meiner Kirche in New York. Unterwegs auf einer Reise, überraschte mich der Anruf meiner Frau. Unter Tränen sagte sie mir, meine über alles geliebte Mutter sei gestorben. Ich war traurig, stand unter Schock. Es war so unglaublich. Meine Mutter, die ich angebetet hatte, war tot!

Früh am nächsten Morgen bestieg ich den Zug und schaute untröstlich aus dem Fenster, als plötzlich Myron Robinson durch den Wagen lief. Er setzte sich neben mich.

»Wo fahren Sie hin, Myron?« fragte ich.

»Zu einem großen republikanischen Fest unten in Ocean City. Riesenveranstaltung heute. Alle werden da sein. Möchte es keinesfalls verpassen.«

»Na, ich wünsche Ihnen viel Spaß«, bemerkte ich.

Plötzlich schaute er mich an. »Was ist los, Norman? Sie sind gar nicht wie sonst. Ist etwas passiert?«

Ich erzählte ihm kurz vom Tod meiner Mutter. Und plötzlich brach etwas in mir auf. Myron klopfte mir nur mit seiner großen Hand aufs Knie.

Als wir in Alberon, der Stadt, in der ich sprechen sollte, ankamen, verließ Myron zu meiner großen Überraschung mit mir den Zug.

»Warum steigen Sie hier aus? Sie müssen doch weiter nach Ocean City?«

»Ich habe beschlossen lieber mit Ihnen in die Kirche zu gehen«, meinte er ausweichend. Er begleitete mich zu meinem Vortrag, nahm in der ersten Reihe Platz und lud mich anschließend zum Essen ein. Wir kehrten zurück zum Bahnhof und bestiegen schweigend den Zug nach New York. Als wir in Pennstation ankamen, wo wir in verschiedene Richtungen gingen, blieb er einen Augenblick lang stehen, und sein Blick lag plötzlich auf meinem Gesicht. Er boxte mich sanft auf die Brust: »Ich verstehe Sie. Sie haben mir durch einige harte Situationen hindurchgeholfen. Ich hoffe, ich konnte Ihnen heute ein bißchen helfen.«

Um seine Tränen zu verbergen, wandte er sich um, winkte noch einmal mit der Hand und war verschwunden.

Myron Robinson ist inzwischen hinübergegangen,

aber ich werde diesen freundlichen Mann, dessen Herz so voller Liebe war, nie vergessen.

In diesem Kapitel lernten Sie, kreativ auf unangenehme schmerzliche Situationen zu reagieren:

- Jeder von uns trägt eine gute Botschaft in sich.
- Affirmieren Sie täglich: »Mit Gottes Hilfe und Führung finde ich kreative Lösungen für schlimme Situationen.«
- Geraten Sie in zähen Situationen nie in Panik; bleiben Sie immer kühl.
- Denken Sie daran: »Jemand« ist immer auf Ihrer Seite.
- Beurteilen Sie nie emotional. Denken Sie objektiv und mit Distanz.
- Reagieren Sie nie emotional auf Kritik, damit Ihr gesundes Beurteilungsvermögen nicht beeinträchtigt wird. Untersuchen Sie, ob die Kritik nicht angebracht sein könnte. Wenn ja, korrigieren Sie sich. Wenn nein, machen Sie in Ihrer Sache einfach weiter.
- Affimieren Sie immer, daß es Antwort und Lösung für jedes Problem gibt, daß Sie sie finden können. Sie sind gerade dabei, sie zu finden!
- Vergessen Sie nie, daß Gott Sie liebt. Er wird Ihnen immer beistehen, Ihre Probleme zu überwinden.

9 Sie können mit allen Dingen fertigwerden!

Sie können mit allen Dingen fertigwerden! Die einzige Art, mit dem Leben fertigzuwerden ist, zu lernen, damit umzugehen. Das bedeutet, das Leben im Griff zu haben, ihm gerecht zu werden.

Bei einer Reise nach Philadelphia stiegen zwei Mädchen, etwa zehn und zwölf Jahre alt, ein. Tränenreich hatten sie sich von zwei Erwachsenen verabschiedet.

Neben mir war ein leerer Platz, auf den sich das ältere Mädchen setzte, während das kleinere gegenüber Platz nahm. Sie waren sehr nett, wohlerzogen, gut gekleidet. Das Mädchen neben mir war sehr ernst; in ihrer Hand entdeckte ich eine Kamera. »Willst du Fotos machen?« fragte ich sie.

Sie antwortete so leise, daß ich es kaum hören konnte: »Wir lieben sie so, aber wir müssen sie verlassen. Wir lieben sie so sehr.«

»Wen verlaßt ihr, eure Eltern?«

»Nein, unsere Großeltern.«

»Und wohin fahrt ihr?« fragte ich.

»Nach St. Petersburg, zu unserem Vater, um dort mit ihm zu leben. Wir haben ihn drei Jahre nicht gesehen, wir kennen ihn kaum.«

»Ihr werdet St. Petersburg mögen«, sagte ich, »mit seinem köstlichen blauen Wasser, seinem goldenen Sonnenlicht, seinen weißen Stränden und seinen netten Leuten. Und euer Vater wird so froh sein, seine beiden kleinen Mädchen um sich zu haben. Fahrt einfach hin und habt ihn lieb.«

Das Mädchen war still. Schließlich sagte sie, als rede

sie mit sich selbst: »Aber Gott wird uns schon behüten.«

Inzwischen hatten wir Philadelphia erreicht, und ich stand auf, um zu gehen. Sie stand ebenfalls auf. Höflich und feierlich streckte sie mir, einem Fremden, die Hand entgegen.

»Ja, Liebes, vergiß es nie, Gott wird dich behüten.«

Während der lange langsame Zug gen Süden weiterfuhr, dachte ich über das kleine menschliche Drama, von dem ich eben erfahren hatte, nach. Zwei erschrokkene, einsame kleine Mädchen, die ins Unbekannte fuhren und früh im Leben lernen mußten, daß man mit dem Leben fertig werden muß. Aber sie hatten auch eine grundlegende Philosophie gelernt. Mit Gottes Hilfe kann man mit allem umgehen.

Wenn ich behaupte, wir könnten mit allem fertig werden, werden das viele von Ihnen für unerfüllbar halten. Aber wir haben in Gott eine unglaubliche Unterstützung. Er ist jeder Krise absolut gewachsen, jeder Schwierigkeit in dieser Welt.

Diese Erfahrung machte auch der Geschäftsmann John Bowles, der eine Menge Probleme zu überwinden hatte. Er schien sehr entspannt; deshalb sagte ich: »John, wie warst du in der Lage, mit allem fertigzuwerden?«

Er zeigte auf eine Vase, in der eine große Distel steckte. »Wieso eine Distel?« fragte ich. »Konntest du keine exotischere Blume finden?«

»Weißt du«, antwortete er, »seit ich all diese Schwierigkeiten durchgemacht habe, repräsentiert die Distel für mich Eigenschaften, die die meisten Menschen nicht erkennen können.«

»Was meinst du damit?«

»Das will ich dir sagen. Nimm mal die Distel in die Hand!«

»Sieht nicht gerade verlockend aus, sie ist stachelig und wird mir weh tun.«

»Los«, drang er. »Nimm sie in die Hand!«

Zögernd streckte ich die Hand nach ihr aus und berührte sie. »Sie sticht!«

»Man muß schon mehr Philosophie dazu haben«, sagte er. »Siehst du, die Distel repräsentiert die Schwierigkeiten des Lebens. Aber wenn du weißt, wie man sie behandelt, so hast du den ersten Schritt in der Handhabung von Schwierigkeiten gelernt. Nimm jetzt die ganze Distel fest in die Hand. Ganz fest.«

Das tat ich, und, kaum zu glauben, es tat überhaupt nicht weh! Sie gab unter meinem Druck nach.

Dieser Vorfall soll natürlich nicht bedeuten, daß Schwierigkeiten sofort aufhören weh zu tun, wenn man sich mit ihnen konfrontiert. Aber sie schmerzen weniger, wenn man direkt mit ihnen umgeht. Stehen Sie vor einer Situation, mit der Sie fertig werden müssen, so halten Sie sich nicht raus. Ergreifen Sie sie, nehmen Sie sie in die Hand!

Sie nimmt ihr Leben in ihre Hände

Verhalten Sie sich ähnlich wie die Dame, die ich in einem Radiostudio kennenlernte. Sie interviewte einige von uns, und das Gespräch berührte tiefe Themen. Während sie sich erhoben hatte, hatte ich bemerkt, daß sie verkrüppelt war. Ein Bein war kürzer als das andere. Aber sie hatte ein bezauberndes Gesicht, das wie von innen leuchtete.

Wir sprachen in der Show über menschliche Schwierigkeiten. Sie meinte, es gäbe eigentlich nur eine Art, mit ihnen umzugehen; Gott zu vertrauen und zu glauben, daß Er bei uns ist und uns immer hilft. »Mit diesem Prinzip nehme ich das Leben in meine Hände und werde mit was immer auch kommen mag fertig.«

Ich schaute auf ihre Hände und sah, daß sie sehr klein und sehr zierlich waren.

Laut sagte ich: »Ihre Hände sind klein, aber Sie sagen mir, Sie ergriffen das Leben mit beiden Händen.«

»Ach«, sagte sie, »ich habe ein Geheimnis. Ich weiß, meine Hände sind klein, aber wenn ich meine beiden kleinen Hände in Gottes große Hände lege, so macht das vier Hände. Und mit Gott ist nichts unmöglich.«

Wenn also etwas sehr Zähes auftaucht, mit dem Sie fertig werden müssen, nehmen Sie die Sache direkt und sofort in Angriff! Stellen Sie sich vor, daß Sie Ihre Hände in Gottes Hände legen. Diese Vorstellung von den vier Händen besagt, daß nichts unmöglich ist. Denken Sie dabei an diese dynamische Persönlichkeit, von der ich Ihnen erzählt habe. Sie hat bleibenden Eindruck auf mich, weil sie das Problem, mit dem Leben fertig zu werden, so tief durchschaut hat.

Bei großen Schwierigkeiten, die Ihnen begegnen, sagen Sie sich selbst: »Mit Gott ist nichts unmöglich.« Affirmieren Sie diese Worte und glauben Sie daran. Affirmieren Sie, entspannen Sie, werden Sie physisch und geistig ruhig und kühl; glauben Sie, daß die notwendige Kraft, um mit der Situation fertig zu werden, jetzt durchkommt. Auf diese Weise werden Sie immer die Kraft haben, um mit den Dingen fertigzuwerden.

Ich finde ein altes Tagebuch

In unserem Farmhaus auf dem Land bekam meine Frau kürzlich einen Großputzanfall. Sie bestand darauf, altes Zeug wegzuwerfen, und begann mit einem Schrank. Erstaunlich, wieviel Dinge man in einem Schrank ansammelt! Irgendwo ganz hinten fand ich einen Kasten mit einem Tagebuch meines Vaters. Es begann im Frühjahr des Jahres 1888.

Er war Klassensprecher seiner Klasse gewesen; es gab in der Klasse sechs Schüler, vier Jungen und sechs Mädchen. Er hatte ihre Namen aufgeführt, und beim Lesen konnte ich mich an einen der Namen erinnern. Das Tagebuch enthüllte viel über den Jungen, der später mein Vater werden sollte. Lassen Sie mich ein paar Einträge zitieren:

Donerstag, 31. Mai 1888
Ich habe heute Kiesel geschaufelt, bekomme dafür 1.25 $ am Tag.
Anschließend Gebetstreffen beim »Jungvolk«.
Mittwoch, 6. Juni 1888
War bei der Versammlung der Demokraten in St. Louis. Grover Cleveland wurde wieder zum Präsidentschaftskandidaten der Vereinigten Staaten ernannt. Ging zum Gebetstreffen beim »Jungvolk«. Schwamm zum ersten Mal in diesem Jahr.
Donnerstag, 7. Juni 1888
Allen G. Thurman wurde zum Vizepräsidenten der Vereinigten Staaten nominiert.
Nahm an einem Missionarstreffen bei Dr. Garner teil. Ging schwimmen.
Mittwoch, 25. Juni 1888
General Benjamin Harrison wurde von der republikanischen Partei zum Präsidentschaftskandidaten

nominiert. Marton aus New York zum Vizepräsidenten. Ich kaute heute zum letzten Mal Tabak und rauchte meine letzte Zigarre. Damit möchte ich sagen, ich höre zu rauchen auf.

Ich wußte nie, daß er Tabak geraucht oder gekaut hatte; die Lektüre zeigte mir, daß es damals eine Gewohnheit gegeben hatte, die ihn störte und er gelernt hatte, damit umzugehen. Er ging zu Gebetstreffen und zu missionarischen Treffen und entwickelte damit den Glauben, mit den Dingen fertigwerden zu können.

Im Herbst jenes Jahres 1888 begann er am *Medical College*, Ohio, zu studieren. Er arbeitete hart und wurde Arzt. Später wurde er Prediger, denn er konnte der Berufung nicht widerstehen. Aber er war immer eine Art von »Arztprediger«, der sich um die Gesundheit von Körper, Geist und Seele kümmerte.

An dem Tagebuch erkennen wir noch etwas, womit er fertigwerden mußte. Er hatte nicht viel Geld. Sein Vater, Samuel Peale, führte einen Laden in Lynchburg, Ohio. Von ihm lernte er, mit dem knappen Geld, das ihm zur Verfügung stand, umzugehen. Er führte eine präzise Liste von allem, was er ausgab.

Gegen Ende des Tagebuchs drückte mein Vater die Lebensweise, die er erlernt hatte, aus – das Positive Prinzip, dessen Meister er geworden war:

Als Junge, und auch in meinen späteren Erfahrungen, entdeckte ich eine große Wahrheit: Wenn man an Jesus Seite bleibt und an ihn glaubt, wird er einem durch alles hindurchhelfen. Er hat es immer getan und wird es auch immer weiter tun.

Mein geliebter Vater schrieb diese Worte am 10. September 1888, als er achtzehn Jahre alt war. Er konnte nicht ahnen, daß einer seiner Söhne eine Generation später diese Worte in einem Buch zitieren würde. Doch das Prinzip, das mein Vater vor vielen Jahren als so sinnvoll empfunden hatte, half seinem Sohn zu seiner Zeit, mit dem Leben fertigzuwerden. Sie sind immer noch brauchbar.

Bleiben Sie deshalb, wie mein Vater es ausdrückte, an Jesu Seite! Glauben Sie immer daran, daß mit Gott nichts unmöglich ist. Mit diesem gesunden Prinzip werden Sie mit allem fertig werden, wirklich.

Eines ist sicher, wir werden alle in diesem Leben irgendwann Schwierigkeiten haben. Es wird viele Sorgen geben und einige werden sehr schmerzhaft sein. Wie wir mit diesen Schwierigkeiten umgehen, wird zeigen, ob wir die Umstände meistern oder sie uns. Marcus Aurelius, der große römische Philosoph, soll folgenden Ausspruch gemacht haben, in dem sicherlich viel Wahrheit steckt: »Der Mensch muß innen Bögen und Stützpfeiler haben, sonst wird der Tempel zu Staub verfallen.«

Wenn Sie mit Ihren Schwierigkeiten fertigwerden wollen, ist es wichtig, eine positive philosophische Haltung einzunehmen. Seien Sie nicht verkrampft; bleiben Sie gelassen. Denken Sie daran: leichter geht es am besten. Lassen Sie sich nicht aus der Ruhe bringen. Seien Sie philosophisch. Halten Sie Ihr emotionales Gleichgewicht, sichern Sie sich einen wachen Geist.

Der Besuch eines Shintoschreins

Eines Tages besuchte ich in Tokyo einen Shintoschrein. Man nähert sich diesem Schrein auf einer langen großen Straße kleiner Läden und Verkaufsbuden. Im Zentrum des Platzes steht eine große japanische Urne, aus der Weihrauch aufsteigt. In der Tradition heißt es, daß man von Krankheiten und physischen Mängeln geheilt wird, wenn man den Weihrauch über den betreffenden Körperteil wehen läßt. Ich merkte, wie die Menschen ihre Hände und Arme durch die Luft schwenkten, um den Weihrauch gegen die verschiedenen Teile ihres Körpers zu bewegen. Ein Mann, den ich sofort als Amerikaner erkannte, fächerte den Weihrauch zu seinem Herzen hin. Uneingeschränkter Glaube stand ihm auf dem Gesicht.

»Glauben Sie, daß dieser Weihrauch Sie heilt?« fragte ich.

»Warum nicht?« antwortete er. »Alle sagen, er heilt.«

»Glauben Sie es nur weiter«, antwortete ich, »aber warum fächeln Sie den Rauch in Richtung Herz?«

»Weil es der schwächste Teil meines Körpers ist.«

Als er zur Seite trat, fächerte ich den Rauch auf meinen Kopf.

Glauben Sie mir, der Kopf ist das Wichtigste. Denn wenn man vor einer Schwierigkeit steht, ist es so unbedingt notwendig, mental ruhig zu sein, um dem Geist zu erlauben, wirkungsvoll zu arbeiten. Das wird natürlich nicht immer einfach sein. Aber um Schwierigkeiten umgehen zu können, sollte man die Eigenschaften eines Philosophen kultivieren. Nehmen Sie die Dinge, wie sie kommen; und verlassen Sie sich immer auf das Wissen, daß Sie alle Situationen meistern können.

Neun Richtlinien, um mit dem Leben fertig zu werden

Vor einigen Jahren habe ich neun Richtlinien erstellt, die uns helfen sollen, Probleme zu meistern. Sie waren für mich persönlich sehr hilfreich und sie basieren ganz auf dem Positiven Prinzip:

- Vermeiden Sie Panik! Bleiben Sie ruhig. Bewahren Sie Ihren klaren Kopf!
- Lassen Sie sich nie überwältigen. Dramatisieren Sie die Schwierigkeiten nicht. Affirmieren Sie: »Gott und ich werden schon damit fertig.«
- Üben Sie Ent-wirrung. Schreiben Sie dafür jeden Teil des Problems auf und werden Sie mental darüber klar.
- Schauen Sie nicht zurück. Sehen Sie die Probleme von dem Punkt aus, an dem Sie sich in diesem Augenblick befinden.
- Suchen Sie nach einer Antwort. Nicht für das ganze Problem, sondern für den nächsten Schritt.
- Lernen Sie kreativ zuzuhören. Seien Sie still, so daß Einblicke in Ihren Geist eindringen können.
- Fragen Sie immer, was wohl zu tun richtig wäre. Denn nichts Falsches kann jemals richtig sein.
- Denken Sie, glauben Sie, arbeiten Sie, beten Sie.
- Bewahren Sie das Positive Prinzip.

Üben und praktizieren Sie eifrig diese neun Richtlinien, und Sie werden die Fähigkeit entwickeln, mit Ihren Schwierigkeiten wirkungsvoll fertigzuwerden. Schreiben Sie sie auf eine Karte, die in Ihre Tasche paßt. Lesen Sie sie jeden Tag durch, bis sie Teil Ihrer geistigen Ausrüstung geworden sind.

Anderen helfen heißt, sich helfen

Ein anderer wirkungsvoller Weg, sich erfolgreich und kreativ mit Schwierigkeiten auseinanderzusetzen ist, anderen aktiv zu helfen. Es scheint seltsam, aber oft kann man zwei Probleme – das eigene und das eines anderen – besser behandeln als das eigene allein. Diese Wahrheit basiert auf dem subtilen Gesetz, *sich selbst* zu geben. Damit stärkt man sich selbst. Wenn Sie in einer zähen Situation sind, schauen Sie sich um, bis Sie jemanden finden, der noch schlimmer als Sie dran ist. Und dann helfen Sie diesem Menschen. Sie werden feststellen, daß, wenn Sie dem anderen geholfen haben, Ihr eigenes Problem viel einfacher, klarer und leichter zu bewältigen scheint.

Ich denke oft an eine Geschichte, die Arthur Gordon über einen Mann erzählte, der in eine schreckliche Situation geriet. Bill paddelte mit seiner Frau und seinem Sohn im Kanu auf einem Fluß. Plötzlich kippte das Kanu um. Die Eltern waren beide gute Schwimmer. Verzweifelt versuchten sie ihren Jungen zu retten, aber der Kleine wurde fortgerissen und ertrank. Der Vater war untröstlich, machte sich Vorwürfe, irrte ruhelos umher. Eines Nachts arbeitete Jack, Herausgeber der lokalen Zeitung, spät abends in seinem Büro. Um Mitternacht klopfte jemand an die Tür. Und da stand, trostlos, sein Nachbar Bill.

»Du bist aber heute spät unterwegs; was machst du?«

»Ich laufe nur, Jack, ich laufe herum. Siehst du, ich kann einfach nicht vergessen. Warum mußte das nur geschehen? Warum nahm ich den Jungen im Kanu mit? Warum konnte ich ihn nicht retten? Ich kann es einfach nicht verstehen, Jack.«

»Komm herein, setz dich hin und laß uns reden.«

Bill ließ sich auf einen Stuhl fallen. »Ich kann darüber nicht sprechen.«

»Okay«, sagte Jack, »wie du willst. Setz dich einfach nur hin, und ich arbeite weiter. Wann immer du reden willst, sag es mir nur.«

Nach einer Weile fragte er: »Bill, wie wäre es mit einer Tasse Kaffee? Sie wird dich wärmen.«

Bill antwortete: »Ja, gerne. Aber ich kann immer noch nicht reden.« Es wurde zwei Uhr morgens, da rief er: »Jack, Jack, jetzt bin ich bereit zu reden.«

Eine Stunde lang legte er alles auf den Tisch. Und durchlebte sein ganzes Leid nochmals, und Jack hörte zu. Es gibt Zeiten, wo es am hilfreichsten ist, dem anderen einfach nur zuzuhören und ihm zu zeigen, daß einem wichtig ist, was er sagt. Schließlich hielt Bill, völlig verausgabt, inne: »Ich habe heute Nacht nichts mehr zu sagen.« Er stand auf, um zu gehen.

Jack legte seine Hand auf die Schulter des gebrochenen Mannes. »Wir lieben dich alle«, sagte er freundlich. »Ich wünschte, ich könnte dir helfen.«

»Du hast mir geholfen«, sagte Bill. »Mehr als ich dir jemals sagen kann. Du hast mir geholfen, weil du zugehört hast und nicht mit mir diskutiert hast. Ich weiß, du magst mich. Ich weiß, du bist mein Freund. Du hast mir sehr geholfen. Ich werde es nie vergessen. Gute Nacht, Jack.«

Er spazierte hinaus in die Nacht.

Jack saß gedankenverloren da. Plötzlich gingen seine Gedanken zurück zu seinen eigenen Problemen. Zu seinem Erstaunen war alles, was vorher so unklar erschienen war, plötzlich klar geworden. Was er vorher nicht durchblicken konnte, lag jetzt deutlich vor ihm. Was ihn fast überwältigt hatte, schien jetzt viel leichter zu bewältigen. Er fühlte mehr Kraft, um mit seinen eigenen Problemen fertig zu werden.

Wenn man geistigen Abstand von sich selbst hat und sich darauf konzentriert, Menschen in ihren Schwierigkeiten zu helfen, verringern sich die eigenen Probleme. Wenn man sich selbst gibt, bekommt man auf einmal mehr eigene Kraft.

Orville E. Kelly war Journalist aus Burlington, Iowa. Eindrucksvoll hat er uns gezeigt, daß ein Mensch tatsächlich mit *allem* fertig werden kann:

Erstmals erfuhr ich von Kelly aus einer Zeitungsnotiz. Dem Tode geweiht, hatte er die Philosophie entwikkelt, daß der Tod einen Teil des Lebens darstellt. Ich schrieb Mr. Kelly und drückte meine Bewunderung für seine mutige und vernünftige Haltung aus. Daraufhin besuchte er unsere *Foundation for Christian Living*, wo er mit seiner aufrichtigen Art alle tief bewegte und inspirierte. Als er seine Rede beendet hatte, spürten wir alle die gleiche spirituelle Kraft in uns, die er uns vorgeführt hatte. Auch wir würden nüchtern mit allem fertigwerden, mit dem uns das Leben konfrontieren würde.

Jeder Tag zählt

Die Diagnose »Krebs« ändert das Leben – nicht nur das des Kranken, sondern auch das seiner Familie, seiner Freunde. Deshalb möchte ich an dieser Stelle einen Teil von Orville Kellys Geschichte erzählen. Lesen Sie dieses menschliche Drama aufmerksam durch. Es ist die Geschichte eines Mannes, der sein Leben auf der Basis des Positiven Prinzips lebt und dies siegreich tut:

»Krebs im Endstadium«, sagten die Ärzte.

Meine erste Reaktion auf dieses Todesurteil war Ungläubigkeit. So etwas konnte doch *mir* nicht passieren!

Die Ärzte hatten sich wohl geirrt. Aber es war wahr. Ich würde bald sterben.

Meine Reaktion war tiefe Depression, in der ich tagelang eingeschlossen war. Ich dachte daran, mich umzubringen und zog auch meine Frau und meine Kinder in ein Stadium totalen Trübsinns hinein. Wie konnte Gott dies mir und meiner Familie antun? Ich war zweiundvierzig Jahre alt, hatte einen guten Job als Reporter und eine glorreiche Zukunft vor mir; wir hatten ein schönes Haus, wir waren alle gute Christen und eifrige Kirchgänger. Warum gerade ich?

Meine Reaktion war blanke Angst. Mit Krebs zu leben war eine furchtbare Erfahrung – nicht nur für mich, sondern auch für meine Familie.

Ich verstand allmählich, wie sehr mich die Aussicht auf den Tod erschreckte, viel mehr als der Gedanke, Krebs zu haben. In diesem Augenblick übernahm die Depression mein Leben. Wanda, meine Frau, mußte sich selber in ärztliche Behandlung begeben, weil ihre Nerven zu schwach waren. Unsere Stimmung erreichte ihren Tiefpunkt, als wir eines Tages nach einer Chemotherapiestunde aus Iowa zurückfuhren. Es war ein wunderschöner Herbsttag, aber als ich meine Frau anschaute, sah ich einen Blick völliger Hoffnungslosigkeit auf ihrem Gesicht. Wir fuhren still über die Prärie.

Wie ihr helfen? Wie mein Schicksal annehmen?

Plötzlich wandte ich mich wieder an Gott um Hilfe. Ich bat um seine Führung, und dann sprach ich zu Wanda: »Laß uns darüber reden« sagte ich. »Ich werde an Krebs sterben, falls mich nicht etwas anderes umbringt, aber noch bin ich nicht tot. Also, laß uns beginnen, das Leben wieder zu genießen.« Ich sagte ihr, wir sollten auch den Kindern die Situation erklären, da sie ja schon ahnten, daß etwas nicht stimmte. Wir sollten meine tödliche Krankheit als Familie *positiv* annehmen. Wir gingen nach Hause und sprachen mit den Kindern. Es war nicht einfach, aber ich tat es trotzdem. Ich hatte das Gefühl, nichts verlieren zu können; ich konnte nur durch den einfachen Gedanken gewinnen, daß jeder Tag zählt. Keiner von uns weiß schließlich, *wann* er sterben wird. Wir sind alle todgeweiht.

Allmählich normalisierte sich unser Familienleben wieder. Es war zwar nicht perfekt, aber wenigstens normal. Alle um uns merkten, daß die Dinge für uns nicht in Ordnung waren, aber wir lernten, daß man mit Krebs leben konnte. Meine neue Philosophie könnte man zusammenfassen: »Ich werde jeden Tag als einen neuen Lebenstag annehmen und nicht als einen, der mich dem Tode näher bringt. Ich nehme jeden Tag als Geschenk Gottes an und will ihn schätzen, genießen und ihn voll ausleben.«

Diese neue Haltung erneuerte mein Interesse am Leben, und ich begann wieder zu schreiben. Ich schrieb einen Artikel für unsere Lokalzeitung, in dem ich für die Bildung einer Organisation für todgeweihte Patienten plädierte, die sich treffen konnten, um einander auf positive Weise mit ihren Problemen zu helfen.

Als der Artikel erschien, begann das Telefon unentwegt zu läuten. Menschen riefen mich an, um mir zu sagen, daß sie durch die gleiche emotionale Krise gegangen waren wie ich. Sie alle lud ich zum ersten Treffen der Organisation ein, die wir *Jeder Tag zählt* nannten. Achtzehn Menschen kamen, unter ihnen Krebsopfer, Verwandte der Todkranken, Patienten, Pfarrer, Krankenschwestern und Schwesternschülerinnen. Ich machte ihnen klar, daß sich jetzt niemand von uns beim anderen ausweinen oder Mitleid für sein Leiden erheischen sollte. Wir waren hier, um *positive*

Wege zu finden, um den Rest unseres Lebens sinnvoll zu gestalten.

Zu unserem dritten Treffen kamen bereits fünfzig. *Jeder Tag zählt* wurde in den Nachrichtenagenturen, in Radio- und Fernsehsendungen besprochen. Briefe von Menschen, die in ihren eigenen Städten solche Treffen organisieren wollten, strömten nur so ein.

Unsere Treffen verliefen – und verlaufen – spontan und unstrukturiert. Durch unsere Gespräche lernen wir, anzunehmen, daß der Tod Teil des Lebens ist.

Ich muß gestehen: Obwohl ich anderen durch *Jeder Tag zählt* helfe, helfe ich mir gleichzeitig selber. Ich messe die Zeit nicht mehr in Monaten und Jahren, jetzt bestimmen Sekunden meinen Handlungsrahmen – der Schatten eines Lächelns auf dem Gesicht meiner Frau, das Lachen meiner Kinder, ein Sonnenstrahl. Daraus besteht der Augenblick – und das Leben.

Natürlich haben meine Frau und ich davon geträumt, zusammen alt zu werden. Aber wir haben inzwischen gelernt, daß das Leben zerbrechlich und unvorhersehbar ist. Natürlich wollte ich keinen Krebs bekommen, aber ich hatte keine Wahl. Also sagte ich zu mir selbst: »Was verliere ich denn, wenn ich einfach versuche, glücklich zu sein?«

Wenn ich heute auf diese ersten Tage des Schocks zurückschaue, ist mir klar, daß meine Familie und ich schon um einen Tod trauerten, der noch gar nicht stattgefunden hatte. Doch durch die Gespräche über den Tod und der Öffnung dem Krebs und seinen Problemen gegenüber, fand ich mich plötzlich mehr dem Leben als dem Tode zugewandt. In anderen Worten: Bevor wir merken, daß der Tod ein Teil des Lebens ist, können wir das Leben nicht wirklich genießen.

Kürzlich bemerkte ein kleines Mädchen in der Schule zu meiner neunjährigen Tochter: »Ich sah deinen Vater im Fernsehen. Er stirbt an Krebs, nicht wahr?«

»Ja«, antwortete meine Tochter. »Aber er ist noch nicht tot.«

Noch lange nicht. Denn ich befinde mich im Heute, und ich bin *heute* am Leben.

Sie haben eben einen Mann kennengelernt, der Schweres überwunden hat. Und Sie haben die beeindruckende Beschreibung eines siegreichen Lebens gelesen. Dies ist das Positive Prinzip in seiner lebendigsten Form.

Dies ist die Zusammenfassung der wichtigsten Gedanken dieses Kapitels:

- Nehmen Sie das Leben und Ihre Probleme in Ihre beiden Hände!
- Dann legen Sie Ihre Hände in Gottes Hände.
- Vergessen Sie nicht, daß Gott Sie durch alles hindurchführt. Also bleiben Sie in seiner Nähe.
- Glauben Sie immer daran, Sie können es. So werden Sie es auch können.
- Helfen Sie anderen Leuten, mit ihren Problemen fertigzuwerden, und Ihr eigenes wird plötzlich leichter erscheinen.
- Und vergessen Sie nie – jeder Tag zählt.

10 Das großartige Geheimnis vitalen Denkens

»Wenn wir alles täten, was wir tun könnten, wären wir wahrhaftig selber erstaunt.« Das sagte Thomas A. Edison, das große erfindungsreiche Genie.

Waren Sie jemals über sich selbst erstaunt? Eine peinliche, aber herausfordernde Frage, nicht wahr? Wenn wir tatsächlich diese ganze Fähigkeit im Potential besitzen, dann lautet die Frage: »Wie setzt man sie frei? Die Aktivierung des großartigen Geheimnisses von Energie und Vitalität setzt das Potential des einzelnen frei. Fügt man nun das Positive Prinzip hinzu, so kann sich jeder von uns vollständig verändern.«

Ein Arzt bat mich, einen Mann zu treffen, der, wie er nicht gerade sehr elegant beschrieb, »in Geld schwamm«, jedoch keine Energie und Vitalität mehr besaß.

»Ich kann ihn nicht ständig mit Pillen füttern, denn diese Art der Behandlung läßt sich nicht mit meiner ethischen Vorstellung von Medizin vereinbaren. Er ist nicht wirklich krank, wohl aber sein Denken. Er ist ein Mensch, der viele Fähigkeiten hat, der sie aber nicht in die Tat umsetzen kann. Versuchen Sie es doch einmal mit diesem Mann. Vielleicht nützt Ihre Art Medizin.«

Ich traf den Mann in seiner reich eingerichteten Wohnung. Er gab mir einen langen und detaillierten Bericht über die kranken Gefühle seines Geistes und Körpers und erzählte mir, wie schwach, kraftlos und völlig »down« er sich fühle. »Ich hatte einmal eine ganze Menge Schwung«, erklärte er schwach, »aber jetzt bin ich ganz erschöpft.«

Während er sprach, erinnerte ich mich an den weisen Ratschlag eines befreundeten Arztes. Dieser hatte mir gesagt: »Um den richtigen Ton zu finden, muß man sich richtig einstimmen.« Also sagte ich: »Ich bin kein Arzt, wie Sie wissen, aber ich versuche, Ihnen als Geistes- und Seelendoktor zu dienen.«

Daraufhin gab er mir eine langwierige Beschreibung seiner Mutter und seines Vaters: »Sie waren immer arm an weltlichen Gütern, aber begeisterte Christen.«

Ich antwortete: »Was sie waren, muß nicht unbedingt auf Sie abgefärbt haben. Haben Sie zufällig einen Anhaltspunkt, daß deren Frömmigkeit auf Sie übergegangen ist?«

Er begann zu verstehen, denn, statt diese Frage zu beantworten, sagte er: »Da haben Sie mich wohl ertappt. Ich muß zugeben, daß ich ein recht schlechter Kerl bin, hab wohl jede denkbare Sünde begangen. Sie haben ein Buch über das Positive Denken geschrieben, aber Sie stehen vor dem größten Negativdenker dieser Stadt. Was werden Sie nur mit mir anfangen?«

»Es handelt sich nicht darum, was *ich* tun werde, sondern was *Sie* tun werden. Werden Sie hier weiter herumhängen und negative Gedanken hegen und den Rest Ihres Lebens pseudokrank sein? Wie alt sind Sie überhaupt?«

»Ich bin 52, und das reicht mir auch.«

Inzwischen mochte ich den Mann viel lieber, denn im Grunde war er ehrlich und aufrichtig. Er besaß eigentlich alle Voraussetzungen eines richtigen, guten, gesunden Mannes.

»Schauen Sie«, sagte ich, »was halten Sie davon, wenn wir diesen ganzen mentalen und geistigen Krankheitsherd, der Ihre Energie auffrißt und Ihr ganzes System müde und leblos macht, abzapfen?«

Wahrscheinlich hatte er sich unbewußt diese Art der

Behandlung gewünscht, denn er begann sich zu öffnen. Es war zuerst schwierig für ihn, mit einem Fremden persönliche Dinge zu besprechen, doch schließlich erzählte er Dinge, die bis in seine Jugend zurückreichten. Er war von enormen Schuldgefühlen geplagt, und trotz seines aufgeblasenen Gehabes zeigte er erstaunlicherweise kräftig ausgeprägte Minderwertigkeitsgefühle.

Schließlich fragte er mich, ob ich glaubte, daß Gott ihm verzeihen würde. »Warum fragen sie nicht IHN?« schlug ich ihm vor.

»Sie meinen jetzt? Ich habe noch nie vor anderen gebetet.«

»Ich bin nicht die Öffentlichkeit, sondern nur Ihr Freund. Also los, bitten Sie IHN, Ihnen zu vergeben.« Er tat es in langsam zögernden Worten, aber mit großer Aufrichtigkeit. »Was meinen Sie, hat der Herr zu Ihnen gesagt?« fragte ich.

Mit einem Ausdruck der Verwunderung und einem äußerst erleichterten Blick sagte er: »Er hat mir vergeben, ich fühle wirklich, er hat mir vergeben. Er versprach mir, ich müsse ihn nur bitten. Er hört mich und vergibt mir. Aber ich fühle mich immer noch nicht so friedlich, wie ich es eigentlich erwartet hätte.«

»Sie müssen noch ein oder vielleicht zwei Dinge tun. Sie müssen sich erst einmal selber vergeben. Sehen Sie«, fuhr ich fort, »wir haben alle eine eingebaute Zensur, die uns sagt, daß wir für das Böse, das wir begangen haben, bestraft werden müssen. Es ist schwer, diese Zensur abzustellen. Aber Sie haben sich selber schon genügend gestraft, deshalb sagen Sie jetzt laut ›Ich vergebe mir hiermit, so wie mir Gott vergeben hat.‹«

Er wiederholte den Satz. »Das leuchtet mir ein – das leuchtet mir sehr ein.«

»Okay«, sagte ich, »als zweites, glauben Sie im Namen des Herren und Ihrer selbst, daß Sie in Ordnung sind. Und nun stehen Sie auf, gehen Sie, machen Sie sich auf den Weg.« Er führte mich an die Tür, gab mir einen kräftigen Händedruck, sehr verschieden von der kraftlosen Hand, die er mir vorher entgegengestreckt hatte. »Und behalten Sie das gute alte Positive Prinzip aufrecht«, mahnte ich ihn.

»Na klar«, erklärte er. »Beobachten Sie mich nur, und Sie werden sehen.«

Ich beobachtete ihn, und ich sah. Eine Woche später rief ich ihn an, um ihn zu fragen, wie es ihm ginge. Er war wieder zurück in seinem Job, und es ging voran. Er blieb mit ständiger Vitalität und Begeisterung in Schwung.

Ich möchte aus dieser Schnellheilungsgeschichte nicht ableiten, daß ich ein Heiler bin, oder daß es in allen Fällen immer so schnell klappt.

Der Vorfall aber war für mich sehr wichtig, denn er zeigte mir den machtvollen Effekt ungesunder Gedankenmuster auf physische Reaktionen. Seit dieser Erfahrung habe ich meine Gedanken gründlich geprüft, wenn ich mich müde, erschöpft oder in irgendeiner Weise ohne Energie fühlte.

Wir können unbewußt einen mentalen Aufbau kranken Denkens besitzen, der uns schwächt oder sogar ernsthaft krank macht. Auf jeden Fall wird unsere Wirksamkeit dadurch reduziert. Das großartige Geheimnis energievollen und vitalen Denkens sollte dazu benutzt werden, das Positive Prinzip zu aktivieren. Unweigerlich wird unsere persönliche Kraft erneuert werden.

Treten Sie mit der Lebenskraft in Verbindung

Als ich über Myrtle Fillmore schrieb, die zusammen mit ihrem Mann die *Unity School of Christianity* gegründet hat, wurde ich zum ersten Mal auf das Konzept der Lebenskraft aufmerksam. Es geht von dem Prinzip aus, daß wir nicht deshalb mit Vitalität geschaffen und ausgerüstet worden sind, nur damit sie verpufft. Wir können tatsächlich *andauernd* in einem wiedererschaffenden Prozeß stehen, durch den sich unsere Lebenskraft immer erneuert. Meiner Beobachtung nach erhalten diejenigen, die das großartige Geheimnis energievollen und vitalen Denkens anwenden, eine vibrierende Kraft, ganz gleich, welche Feinde des Wohlbefindens versuchen, ihre Kraft zu verringern.

Über Jahre hinweg, in denen ich einen äußerst aktiven Stundenplan hatte, in dem ich schrieb, Vorträge hielt, Bücher herausgab und verwaltete, habe ich meine eigene Energie und Vitalität immer aufrecht erhalten, indem ich die Lebenskraft ständig affirmierte und sie mir ständig vorstellte, wie sie durch Geist und Körper fließt. Diese Übung hat meine Kraft immer erneuert und dafür gesorgt, daß die Energie in einem ungehinderten Fluß wirken konnte. Natürlich werde ich manchmal müde, doch es ist immer eine Müdigkeit, die durch den Schlaf einer Nacht geheilt werden kann. Der Job, den ich habe, verlangt ein gewisses gleichzeitiges Jonglieren mehrerer Bälle. Das heißt, ich muß jeden Tag auf den verschiedensten Gebieten Entscheidungen treffen. Und da ist es auch immer die Notwendigkeit, weiter zu produzieren.

Da kein Mensch ohne Energie ein kraftvolles Programm durchhalten kann, ist es von besonderer Wichtigkeit zu lernen, wie man sie aufrecht erhält.

In meinen ersten Jahren in New York, als mein Stundenplan ständig zunahm und ich unter ständiger Spannung stand, freundete ich mich mit dem inzwischen verstorbenen Doktor William Seaman Bainbridge an. Er war Arzt in Manhattan und ein erstaunlich beschäftigter Mann, nicht nur in seinem eigenen Beruf, sondern auch in vielen Gesellschaften und Organisationen.

Eines Tages hielt ich vor Rotariern in New York einen lebhaften Vortrag. Geschäftsleute, die ihre Zeitpläne einhalten müssen. Dr. Bainbridge, der immer eine Praxis voller Patienten hatte, die auf ihn warteten, hatte seinen ersten Termin des Nachmittags um zwei Uhr. »Los, Norman«, sagte er eilig, »laß uns ein Taxi nehmen und zusammen in die Innenstadt fahren. Ich möchte, daß du auf dem Weg in dein Büro fünf Minuten mit zu mir raufkommst.« Draußen im Wartezimmer standen die Patienten Schlange.

»Du hast einen tollen Vortrag gehalten«, sagte er. »Du bist sicher aufgekratzt, und ich auch. Laß uns ein bißchen abkühlen. Laß uns entspannen und die alte Energie und Vitalität wieder in Schwung bringen, um den großen Energieverlust wieder wettzumachen.« Er ließ sich in einen großen Stuhl fallen, streckte die Beine aus, ließ seine Arme schlaff über die Seiten des Stuhles hängen und lehnte seinen Kopf auf die Kopfstütze zurück. »Tu das auch«, wies er an, und ich ließ mich auf ähnliche Weise fallen.

Nach einer Minute Stille sagte er: »Frieden und Stille erfüllen unseren Geist. Wir werden in diesem Augenblick in unserem physischen Körper erneuert. Wir werden in diesem Augenblick in jedem Teil unseres Wesens neu erschaffen. Wir bekommen genug Energie für alles, was wir brauchen.«

Auf diese beeindruckende Information folgte noch ein Augenblick Stille und dann: »O.k., jetzt sind wir bereit, uns in einen geschäftigen Nachmittag zu stürzen. Das ist ein Rezept für dich, mein Freund!«

Daraufhin rief er seinen ersten Patienten, und ich stürzte mich in die hektische Stadt New York. Noch heute regeneriere ich mich auf diese Weise.

Lawrence Townsend, einst Botschafter in verschiedenen Ländern, war ein großer, schlanker, kraftvoller Mann, der fast neunzig war. Sein aufrechter Gang verriet seine militärische Ausbildung, die er als junger Mann erhalten hatte.

Ich fand ihn an seinem »Meditationsort«, in seinem geräumigen Garten. Es handelte sich um eine Einzäunung aus Holz, so wie eine Blockhütte ohne Dach, der Sonne ganz geöffnet. Er trug eine Badehose, und ich stellte fest, daß sein Körper muskulös, schlank und braungebrannt war. Seine Augen leuchteten, und sein Gesicht war ein einziges Lächeln als er mich begrüßte. »Verzeih mir, daß ich dich so unformell begrüße. Ich mache gerade mein tägliches Vitalitäts- und Energieritual. Diese Übung hat mich über die Jahre hinweg bei Kräften erhalten. Entschuldige mich einen Augenblick. Ich möchte mich anziehen, und dann werden wir zu Mittag essen.«

»Nein, Lawrence, unterbrich nicht, ich könnte dieses Vitalitäts- und Energieritual gut selber gebrauchen. Bitte, laß mich dir zuschauen.«

Er war einverstanden. Dann streckte er sich aus, »den Himmel mit der Krone meines Kopfes suchend«, wie er es nannte. Durch dieses Strecken brachte er jedes Organ zurück an seinen Platz. Schließlich erhob er seine Arme hoch in die Luft und versuchte, den Himmel mit den Fingern zu erreichen. Darauf folgte eine »normal« wirkende Folge von Körperübungen, und ich konnte sehen, wie sich die Muskeln unter seiner Haut spannten.

»Das zum physischen Teil«, sagte er einatmend, ohne irgendein Zeichen der Anstrengung. »Nun kommt die wichtigere mentale oder spirituelle Übung.« Noch immer ausgestreckt vor mir stehend sagte er etwas, das ich damals Wort für Wort aufschrieb und so oft übte, daß ich die Formel noch heute im Gedächtnis trage:

»Herr, großer Gott, Allmächtiger, Schöpfer und himmlischer Vater, so wie die Sonne vom Himmel scheint und meinen Körper erneuert, so erleuchtet der Sonnenschein Deines großen Geistes meinen Geist und meine Seele und wärmt sie, wobei sie durch die Kraft Deiner wunderbaren Gnade erneuert werden. Jetzt leere ich meinen Geist von jedem Gedanken, jeder Idee und Erinnerung, die mit Deiner Güte nicht in Harmonie stehen. Ich lasse hiermit aus meinem Bewußtsein jeden selbstsüchtigen, bösen und unwerten Gedanken fallen. Ich lasse alle unfreundlichen Haltungen, alle Angst und jedes Anzeichen schlechten Willens oder Ressentiments fallen. Mein Geist ist jetzt leer und von allen ungesunden Gedanken gereinigt. Du füllst ihn nun mit Gedanken der Güte, Liebe und des Glaubens. Danke, lieber Herr, denn ich kann in diesem Augenblick Deine erfrischende und erneuernde Macht spüren. Und es fühlt sich so wunderbar an! Danke, danke.«

Dankesformel

Und dann fügte er die sogenannte »Dankesformel« hinzu: »Danke, Schöpfer, für meinen wunderbaren Körper, den nur Du erschaffen konntest, für mein starkes Herz, meinen guten Magen, meine gesunde Leber, meine scharfen Augen, meine feinfühligen Ohren und meinen Verstand. Alle Teile meines Körpers dienen mir genausogut wie als ich jung war. Und, Himmlischer Vater, dank Dir für den unsterblichen Teil von mir, für meine Seele, die ich unter Deine Obhut stelle. Ich wiederhole meinen Wunsch, Dir alle Tage meines Lebens zu dienen, bis der Abend kommt und ich in die Ruhe eingehe und in das ewige Leben, noch immer mit Dir, den ich immer geliebt habe. Danke für Deine gnadenvolle Vergebung und für den Frieden, den Du mir jeden Tag und immer gegeben hast.«

Wie benommen stand ich vor diesem außergewöhnlichen Mann. Er praktizierte sein Leben in Meditation bis zu seinem Tod. Mit 95 Jahren schlief er friedlich ein.

Doch ich bezweifle nicht, daß er am nächsten Morgen an einem leuchtenderen und noch schöneren Ort weiterhin sein Energie- und Vitalitätsprogramm in einem Ritual ausübte. Viele Menschen, denen ich dieses Ritual vorgeschlagen habe, haben mir seine Wirkung bestätigt. Versuchen Sie diesen aktiven Aspekt des Positiven Prinzips und erhalten Sie ihn aufrecht, denn er wird Sie aufrechterhalten!

Schleppen Sie sich nicht durchs Leben

Es ist eine traurige Tatsache, daß sich viele Menschen buchstäblich durchs Leben schleppen. Sie haben weder die Begeisterung noch den Schwung, die einen glücklichen Menschen ausmachen. Die meisten dieser Menschen haben gar keinen physischen Schaden, aber sie behandeln die Pflichten und Verantwortungen des Lebens halbherzig und lustlos.

Doch wenn ein solcher Mensch die wirkliche vitalisierende Erfahrung macht, wird er von der neuen und kraftvollen Qualität des Lebens, die alles in ihm verändert, erstaunt sein. Es lohnt sich, das großartige Geheimnis energievollen und vitalen Denkens zu entdekken und auszuüben! Diese alten müden und lustlosen Gefühle werden durch das Eindringen neuen Interesses, Schwungs und Begeisterung ausgeschaltet werden.

Ich möchte Ihnen von dem Fall persönlicher Energieerneuerung berichten, den eine brillante und strebsame Karrierefrau aus New York erlebte. Eines Tages brach diese superenergische Person unter dem unvernünftigen und unkontrollierten Tempo zusammen und erlitt einen Nervenzusammenbruch. Die einst dynamische Frau war jetzt lustlos und erschöpft. Sie saß einfach da und stierte vor sich hin. Es war ihr alles egal, nichts interessierte sie mehr.

Ihr Arzt schlug einen Tapetenwechsel vor, und sie reiste an einen Ferienort am Meer, wo sie verloren umherwandelte oder abwesend dasaß. Dann gewöhnte sie sich daran, an den Strand zu gehen, nicht etwa um zu schwimmen, sondern um leblos im Sand zu liegen. Sie begrüßte die Einsamkeit; sie war froh, mit niemandem reden zu müssen.

Eines Tages begann sie zu beten; sie trug ihre Schwäche zu Gott. Plötzlich hatte sie ein seltsames Gefühl der Sicherheit, daß ihr Gebet erhört worden war. Sie lag am Strand zwischen hohem Strandgras und hörte dem Rauschen der Wellen zu. Während sie intensiv zuhörte, bemerkte sie einen regelmäßigen Rhythmus der Wellen. Dann fiel ihr Blick auf einen einzelnen Grashalm, der anmutsvoll hin und her tanzte. Sie bemerkte, daß auch der Grashalm sich im Rhythmus bewegte, ebenso wie der Wind, der über Strandgras strich. Sie spürte ihren eigenen Puls und, seltsam genug, auch er hatte einen Rhythmus, dem des Meeres, des Windes und des Grases nicht unähnlich.

War es wahr, daß die ganze Natur im Rhythmus war? Könnte dies die Antwort auf ihr intensives Gebet um Heilung sein? Plötzlich blitzte ein heilender Gedanke durch ihr Bewußtsein. War ihr Problem nicht, daß sie in ihrem Denken aus diesem Rhythmus herausgeraten war? Deshalb hatte sich ihre Spannung bis aufs Unerträgliche gesteigert. Nun befand sie sich auf dem Weg zur Besserung. Sie merkte intuitiv, daß, wenn sich ihr Körper erneuerte, ihr Geist sich ebenfalls erneuern würde. Allmählich, indem sie das rhythmische Prinzip beständig übte, entdeckte sie das Geheimnis energievollen und vitalen Denkens, und sie kehrte zurück zu vollständiger Gesundheit und Kraft.

Ich mag diese wahre Geschichte und habe sie oft Menschen in ähnlichen Umständen erzählt, weil sie das Positive Prinzip perfekt illustriert. Sie enthält ein tiefes, praktisches Prinzip der Wahrheit: Werden Sie eins mit dem Rhythmus der Natur, mit sich selbst, mit Ihrer Arbeit, mit anderen Menschen und mit Gott, dann werden Sie die freudige Fülle des Lebens wirklich erleben. Sie müssen nicht an einen einsamen Strand gehen und sich dort in den Sand legen, um eine Wirkung zu erzielen. Der Prozeß der Erneuerung, der Energie und der Vitalität kann, wo immer Sie auch sein mögen, angewendet werden. Es wirkt wie eine mentale Therapie.

Lassen Sie sich nie soweit antreiben oder hochputschen, daß der rhythmische Fluß Ihrer Persönlichkeit aus der Bahn gerät. Es ist für alle von uns, die in dieser modernen, aufgeputschten Welt leben, wichtig, die rhythmische Harmonie mit dem Geheimnis des energievollen und vitalen Denkens zu erhalten. Verwenden Sie jeden Tag einige ruhige Momente darauf, diese Energie zu denken, die Vitalität zu denken, die Lebenskraft tatsächlich in Ihnen am Werk »zu sehen«. Wenn Sie diese kreative Erfahrung betonen und unterstreichen, wird Ihre Energie und Vitalität immer weiter anhalten. Das Positive Prinzip wird für Sie immer seine Wirkung tun.

Es gibt natürlich auch Fälle von Energieverlust, die wirklich physischen Ursprung haben, und für die man sich durchaus einer medizinischen Behandlung unterziehen sollte. Wenn die Energie abnimmt, sollten Sie einen Arzt konsultieren und sich auch an seine Behandlung halten.

Doch auch in solchen Fällen könnte die mentale Behandlung dem Wiederherstellungsprozeß behilflich sein. Die Anwendung der spirituellen Therapie kann und wird auf jeden Fall einen heilenden Effekt haben. Ich kenne sogar einen Arzt, der, wenn Menschen ihre Kraft verlieren, zusätzlich zu dem medizinischen Rezept auch ein mündliches »spirituelles« Rezept ausstellt. Er rät seinen Patienten, täglich folgende Worte durch ihren Geist zu leiten. Er meint, sie seien der Wiederherstellung förderlich: »Die auf den Herrn harren, erhalten neue Kraft, daß sie auffahren mit Flügeln wie Adler, daß sie laufen und nicht matt werden, daß sie wandeln und nicht müde werden.* Diese Affirmierung des Positiven Prinzips ist ein machbarer Weg, Kraft zu produzieren.

* Jesaja 40,31

Motivation beendet die Trägheit

Auf einem Treffen der nationalen Handelsgesellschaft sprach ich darüber, warum positive Denker positive Resultate erhalten. Ein Zuhörer bat mich um Rat. Er schien 45 zu sein, war zu meiner Überraschung jedoch zehn Jahre jünger. Er wirkte älter, weil sein Gesicht zusammengezogen war und seine Schultern herunterhingen. Er machte den Eindruck eines Menschen, der sich von einer schweren Krankheit erholen muß.

Er beklagte sich, daß er es zu nichts in seinem Job gebracht hatte: »Eines ist sicher, ich werde im Geschäftsleben nie weiter aufsteigen. Ich bin auf meiner eigenen Höhe angekommen.«

»Und warum nicht?« fragte ich. »Was ist Ihre Spitze?«

»Ach«, erwiderte er müde und deprimiert. »Niemand hält sehr viel von mir. Sie wissen, daß ich nicht zu allzuviel fähig bin. Sie haben mich abgeschrieben. Es wundert mich, daß sie mich nicht rauswerfen. Könnte ich ihnen auch nicht übelnehmen.«

»Haben Sie jemals frische, erneuernde Vorschläge gemacht? Sind Sie wirklich Teil des Teams? Interessieren Sie sich überhaupt für das, was passiert? Arbeiten Sie wirklich mit voller Kraft mit?«

»Nein, ich habe nie irgendwelche Ideen. Wie kann ich dann erneuernd sein? Und außerdem, ich komme morgens immer so schwer in Schwung.«

Ich fragte mich, ob er ein physisches Problem habe und fragte ihn, ob er sich einmal habe untersuchen lassen. Anscheinend hatte er einen erfolgreichen Check-up hinter sich. Der Arzt hatte sein allgemeines Durchhängen bemerkt. Abgesehen davon schien seine Gesundheit ganz in Ordnung zu sein.

Dann erstaunte er mich doch. »Ich mag es kaum

zugeben«, gestand er. »Aber ich kenne einige Ihrer Bücher. Und – sie haben mich ganz schön in Ordnung gebracht. Ich war ganz aufgedreht. Und eine Zeitlang ging ich überall hin. Ich tat es wirklich, aber dann ließ meine Begeisterung nach. Und schauen Sie mich jetzt an!«

Ich fragte ihn, was seine Begeisterung zum Nachlassen gebracht habe. Und er begann, mir von Schlägen und Rückschlägen zu erzählen.

»Aber sehen Sie, mein Freund«, erklärte ich. »Das war dann doch kein richtiger Enthusiasmus, wenn er nicht einmal einigen Schlägen oder auch einer ganzen Menge Schocks widersteht. Enthusiasmus ist nicht nur für gutes Wetter und wenn's gerade leicht ist. Fast jeder kann ihn aufrechterhalten, wenn alles gut geht. Wenn aber die Rückschläge kommen – und Rückschläge kommen fast nie einzeln, sondern immer viele auf einmal –, dann muß der Enthusiasmus funktionieren. Er ist dazu da, Sie zu unterstützen, wenn die Dinge zäh werden. Ich nehme an, Sie haben das Buch doch nicht allzu aufmerksam gelesen. Oder vielleicht hat es Ihnen die Idee nicht klar genug vermittelt. Sie müssen es noch einmal versuchen mit dieser Begeisterung. Sie wissen doch, was das Wort Enthusiasmus bedeutet, nicht wahr? Es kommt von *Entheos* – auf griechisch, »der Gott in dir«. Darf ich Ihnen also vorschlagen, daß Sie mehr von Gott in sich selbst finden?«

»Aber wie macht man das? Ich verstehe das ehrlich gesagt nicht. Ich bin ein Mann, der gelegentlich in die Kirche geht. Ich glaube. Aber wohl nicht so richtig, jedenfalls nicht so, wie Sie es gerade beschreiben.«

Ich versuchte ihm zu erklären, daß es im Prinzip spirituellen Lebens die Macht der Energie gibt. Alle Energie beginnt mit dem Schöpfer, der sie nicht nur in die natürlichen Prozesse hineinfließen läßt, sondern auch in diese höhere Form der Natur, die wir das »Wesen des Menschen« nennen. Je enger sich ein Mensch mit dem Schöpfer identifiziert, umso sicherer wird er in seinem eigenen Wesen den Prozeß der Wiedererschaffung erfahren. Der einzelne, dessen Geist leergelaufen ist, wird wieder erneuert, wenn er sich an den Schöpfer wendet, denn dieser wiedererschafft und erschafft.

Mehr Zeit zu sprechen hatte ich nicht. Wir gaben uns die Hand und trennten uns. Doch er blieb mit mir in Verbindung. Er ging nach Hause und erzählte einem seiner Freunde von unserer Unterhaltung. Er war überrascht zu hören, daß auch dieser Freund denselben Weg heruntergegangen war. Dieser Freund nahm unseren Mann zu einem wöchentlichen Frühstück von Geschäftsfreunden mit, einem Treffen, das spirituell orientiert war, und wo er aufs Wärmste willkommen geheißen wurde. Wie er mir später sagte: »Diese Männer besaßen eine Lebenseigenschaft, die ich nie vorher erlebt hatte. Aufgrund ihres freundlichen Verständnisses tat ich schließlich, was sie mir vorgeschlagen hatten. Und ich glaube, ich habe auf die mir eigene Art diese Kraft gefunden. Der alte Enthusiasmus kommt wirklich wieder zurück. Es ist überraschend, wie diese neue Motivation mich von meiner alten Trägheit, die mich zum sicheren Versager gemacht hätte, befreite.«

Neun Möglichkeiten, aktiv mit dem Positiven Prinzip zu leben:

- Wahren Sie das großartige Geheimnis energievollen und vitalen Denkens.
- Leeren Sie den Geist von allen ungesunden Gedanken und ersetzen Sie sie durch gesunde, kreative Vorstellungen.

- Visualisieren Sie die Lebenskraft, die ständig in Ihnen arbeitet und Ihren Körper und Geist erfrischt.
- Affirmieren Sie täglich – mehr als nur einmal –, daß sich Ihre Energie und Vitalität jetzt erneuert.
- Geraten Sie mit dem grundlegenden Rhythmus des Lebens, den der Schöpfer in Gang gesetzt hat, in Harmonie.
- Denken Sie an Edisons Bemerkung: »Wenn wir alle Dinge täten, die wir tun könnten, wären wir selber erstaunt.«
- Überraschen Sie sich selbst!
- Erhalten Sie Ihre geistige Einstellung immer gesund.
- Beziehen Sie alle Ihre Aktivitäten auf das Positive Prinzip und bleiben Sie jeden Tag die ganze Zeit in Schwung.

11 Tiefer Glaube besiegt alle Schwierigkeiten

Der Wagen der Achterbahn erreichte den Höhepunkt seines steilen Aufstiegs und begann, immer schneller werdend, herunterzurasen. Der Junge geriet in Panik. Er sah den Wagen schon aus dem Gleis fliegen, alle, die in ihm saßen, töten. Voller Angst klammerte er sich an die Stange vor ihm. Der Vater, der die Reaktion seines Sohnes spürte, legte seinen starken Arm um ihn, und zog ihn beschützend an sich. Beruhigt konnte der Junge seine Angst in Zaum halten.

Sieg über die Angst

Viele Jahre nach diesem Vorfall im Luna Park im Mittelwesten wurde der Junge, inzwischen ein Mann von 25, einer viel schlimmeren Gefahr ausgesetzt. Diesmal fand er einen tiefen Glauben, der ihn nicht nur aufrecht erhielt, sondern der ihn für immer von der Angst befreite.

Terry Adams erzählte seine aufregende und bewegende Geschichte, als wir eines Morgens zum Flugplatz fuhren. Wir hatten über die Bedeutung des Glaubens im erfolgreichen Leben gesprochen und über das Thema zerstörerischer Angst. Er behauptete ruhig, er habe inzwischen keine Angst mehr. Er sei sicher, nie wieder richtige Angst zu spüren. Man konnte erkennen, daß er tief glaubte.

Ich fragte ihn nach dem Grund dieser entschlossenen Haltung. Und er erzählte seine Geschichte:

Als Pilot flog Jerry im Vietnamkrieg täglich zweimal über Feindesgebiet. Schwierig war immer das Starten. 35 Tonnen – das Gewicht des Flugzeugs – mußten quasi aus dem Stillstand in die Luft geschossen werden.

Die Mannschaft hatte alles überprüft und war fertig zum Start. Der Krach wuchs aufs Heftigste an, der Druck wurde größer. Das Flugzeug knarrte in den Seilen. Der Junge, der vor der Achterbahn so viel Angst gehabt hatte, saß und wartete darauf, wieder auf eine Mission katapultiert zu werden. Statt dessen spürte er einen scharfen Ruck, einen Stoß. Metall riß. Das Wrack des Flugzeugs schlidderte übers Deck, fiel über den Rand und sank hundert Fuß hinab, was zehn Stockwerken eines Gebäudes entspricht. Hinunter ins Meer. Alle Männer in der Falle.

Jerry war überzeugt, sein letzter Augenblick sei gekommen. Doch plötzlich spürte er die überwältigende Sicherheit, daß er nicht allein war. Er fühlte die Gegenwart Jesu; wußte, gleich ob er leben oder sterben würde, Jesus würde sich seiner annehmen. Er fühlte den starken Arm des himmlischen Vaters um sich und war ohne Angst.

Sie waren etwa fünfzig Fuß ins Wasser gesunken. Es wurde immer dunkler um sie herum. Er versuchte, den Notausgang zu finden; doch dann sah er, daß das Cockpit restlos verschwunden war. Er war immer noch an seinen Sitz gegurtet. Er fragte sich, ob er wohl jemals wieder an die Oberfläche des Wassers gelangen würde, denn er hatte kein Gefühl mehr in den Beinen. Dann merkte er, daß beide Beine gebrochen waren. Sich an sein Überlebenstraining erinnernd, befreite er sich von seinem Schoß- und Schultergürtel, blies die Rettungsjacke auf und schoß an die Oberfläche. Er sah die *Oriskany* nur wenige Meter von sich entfernt. Der

Kapitän hatte den Flugzeugträger herumgeschwenkt und so die Männer davor bewahrt, in die riesigen Schrauben des Schiffes zu geraten. Alle wurden gerettet. Jerry konnte nach langem Krankenhausaufenthalt und mehreren Operationen wieder laufen.

Dieser Mann hatte das größte Geheimnis des Lebens entdeckt – wohl das wichtigste von allen: Wir sind nicht allein! In Todesnähe hatte er den Wert tiefen Glaubens entdeckt, des Glaubens, der über alle Schwierigkeiten siegt.

Sie sind stärker als Ihre Schwierigkeiten

Diese Erfahrung des Positiven Prinzips führt zu der Erkenntnis, daß wir unseren eigenen Schwierigkeiten überlegen sind. Gleich wie bedrohlich, außergewöhnlich und schrecklich sie sein mögen – auch Sie haben das Potential, sich ihnen entgegenzustellen! Das Potential ist der tiefe Glaube, die größte Macht, die wir haben, die Kraft, die Berge von Schwierigkeiten verrücken kann. Dieses machtvolle Konzept ist tief ins Bewußtsein eingegraben. Das bedeutet natürlich nicht, daß niemals ein Zweifel aufkäme. Bei jedem von uns kommen immer mal wieder Zweifel auf, die den Geist mit entmutigenden Negativismen verdunkeln. Doch der Unterschied zwischen tiefem und schwachem Glauben ist, daß Zweifel ersterem nichts anhaben können. Der wahrhaft Glaubende ist in der Lage, seine Schwierigkeiten siegreich zu behandeln. Seine Kraft, das Positive Prinzip aufrechtzuerhalten, manifestiert sich.

Ich sprach einmal in Alberta, Kanada, bei einem Jahrestreffen der Handelskammer. Vor mir saß eine große, enthusiastische Menge, und ich entwickelte in der Rede meine Vorstellungen des Positiven Denkens. Später sprach mich ein Mann an – oder, besser gesagt, er wehte wie eine Brise heran. Kein anderer Ausdruck kann seine Freude, Begeisterung und absolute Lebendigkeit besser wiedergeben. In einigen schnell und kraftvoll gesprochenen Sätzen gab er mir eine der wertvollsten Formeln der geistigen Überwindung, die ich je gehört habe: »Einst hat mich alles fertiggemacht. Jede Schwierigkeit, die mir im Wege lag, hat mich entmutigt. Und, glauben Sie mir, es waren ständig welche da. Ich erwartete immer neue und größere Probleme und wurde nicht enttäuscht. Dann las ich einen Artikel in einer kleinen Zeitung, die jemand im Bus vergessen hatte. ›Wenn Gott auf unserer Seite ist, wer kann dann gegen uns sein?‹* Während ich darüber nachdachte, veränderte ich den Satz zu einer persönlichen Bemerkung. ›Wenn Gott auf meiner Seite ist, wer kann dann gegen mich sein?‹

Ich begann jedenfalls alles, was mir schrecklich schien, zu verweigern und affirmierte mir gleichzeitig, daß Gott auf meiner Seite ist.«

Ich war so beeindruckt, daß ich seinen Rat annahm. Ich begann wirklich alles Feindliche zu verweigern und in mir spirituelle Unterstützung zu affirmieren. Ich war erstaunt zu sehen, wie die Schwierigkeiten immer geringer wurden. Sie verschwanden natürlich nicht gleich alle. Tatsächlich tauchen noch heute gelegentlich welche auf, mit denen ich fertigwerden muß; aber ihre Kraft über mich ist nicht mehr groß. Hingegen beherrsche ich sie viel besser.

Der berühmte Forscher Charles F. Kettering sagte einmal, die richtige Formulierung trage schon die halbe Lösung in sich. Ein wichtiger Schritt in der Be-

* Römer 8,31

handlung von Schwierigkeiten ist, sie ordentlich auseinanderzuleben. Gutgeordnete Fakten sind notwendig, wenn wir ein Problem erfolgreich lösen wollen.

Glauben lernen

Tiefer Glaube und das praktische System, den Geist zu ordnen, wenn man mit Schwierigkeiten konfrontiert wird, waren das Thema eine Fernsehshow. Ich sprach über Positives Denken und seine Beziehung zu spirituellen Vorstellungen. Ich unterstrich meine spirituellen Gedanken- und Handlungstechniken und bestand darauf, daß sie durchführbar und wirkungsvoll seien. Ich führte aus, der spirituelle Geist sei nichts anderes, als ein geordneter Geist, der die Fähigkeit besitzt, Probleme besonders wirkungsvoll zu behandeln.

Diese Vorstellung erstaunte meinen Gastgeber, denn er war der gängigen Meinung, Spiritualität sei eine Art idealisierter und verträumter Haltung, die mit den praktischen Dingen des Lebens nichts zu tun habe.

»Wollen Sie damit sagen, daß ich durch Glauben persönliche Probleme, die mir im Augenblick Sorgen bereiten, lösen kann?«

»Selbstverständlich«, antwortete ich.

»Ich glaube zwar, mein Glaube aber ist, wie Sie sagen könnten, eher oberflächlich und undefinierbar.«

Ich sagte ihm, es ginge nicht um das Ausmaß des Glaubens, sondern um seine Echtheit und Tiefe. Allein die Essenz, wenn sie aufrichtig und echt ist, trage alle Kraft in sich.

Unsere Fernsehunterhaltung fand vor großem Publikum statt. Ich sah mich vor, keine Behauptungen aufzustellen, die ich nachher nicht aufrechterhalten konnte.

Endlich sprach der Interviewer von seinen persönlichen Problemen. Seit langem versuchte er vergeblich, sein Haus zu verkaufen.

»Ich wüßte gern, wie sich Ihr ›praktischer Menschenverstand‹ auf mein Problem anwenden läßt!«

»Gut. Betrachten wir, was Sie bisher unternommen haben. Ich habe das Gefühl, daß Sie bisher ziemlich verkrampft waren. Das müssen Sie als erstes ändern. Gesundes, praktisches Denken geschieht nie in einem verkrampften Gedankensystem. Zweitens habe ich das Gefühl, Sie wollen aus diesem Verkauf einen Riesenprofit schlagen. Ich verstehe, daß Sie aus dem Verkauf einen fairen Gewinn haben möchten, aber Gier besiegt sich normalerweise immer selbst.«

»Sie haben mich in beiden Punkten ertappt«, gestand er. »Vielleicht habe ich einen zu hohen Preis angesetzt.«

»Nun sagen Sie auch, Sie haben *verzweifelt* versucht zu beten. Verzweifelt zu beten ist sehr viel weniger effektiv, als affirmierendes Beten. Entspannen Sie sich geistig und verlangsamen Sie Ihren Geist zu einem ungehetzten Tempo, in dem alle spirituellen Dinge stattfinden.«

Dann forderte ich ihn auf, die Art Menschen zu visualisieren, für die sein Haus ideal sein würde.

»Für ein junges Paar mit Kindern wäre es wie maßgeschneidert.«

»Gut, dann lassen Sie uns also ein geistiges Bild solch einer Familie entwerfen, die genau diese Art von Haus sucht. Wir sehen, wie Sie gerade Ihr Haus entdecken. Arbeiten sie deshalb einen Vertrag aus, der der Familie hilft, es zu kaufen, und bei dem Ihre Investition für Sie auch einen Sinn gehabt hat.«

Verwundert, aber begeistert, rief er mich ein paar Wochen später an.

»Sie sind gekommen, genau die Familie, die wir visualisiert haben! Und es sind tolle Leute. Wir haben den Vertrag geschlossen, eine Vereinbarung, die für beide Parteien gut ist. Junge, ich bin jetzt absolut überzeugt von dem praktischen und wissenschaftlichen Prinzip tiefen Glaubens!«

»Ich bin froh, daß nun alles so gut geklappt hat«, erwiderte ich genauso erfreut. »Nur weiter so.«

Und warum nicht? Es ist eine Tatsache, daß tiefer Glaube uns über alle Schwierigkeiten hinwegträgt. Also warum sich besiegt fühlen, wenn es überhaupt nicht nötig ist? Vor allem, wenn Sie eine spirituelle Formel besitzen, die aus der Niederlage einen Sieg macht!

Die Macht mentaler Konditionierung

Unser menschlicher Geist ist ein erstaunliches Instrument, und die Gedanken, die ihn aktivieren, bestimmen alles, was uns passiert, entscheiden, wie wir zu den alltäglichen Problemen stehen. Wir sind, im wahren Sinne des Wortes, was wir denken.

In diesem Augenblick sind Sie, was Ihr vorwiegendes Gedankenmuster über die letzten zehn Jahre hinweg war. Wenn Sie und ich wissen wollen, was wir in zehn Jahren sein werden, wird die Antwort höchstwahrscheinlich lauten: das, was Sie und was ich die nächsten Jahre über denken. Das Positive Prinzip ist ein wissenschaftlicher Gedankenprozeß, dazu da, die Dinge zu verbessern.

Angstvolle Gedanken können unsere kreativen Fähigkeiten zerstören, und, was noch schlimmer ist, sie können die Dinge, die man ständig fürchtet, wirklich werden lassen. Dadurch, daß wir eine bestimmte Situation oder Krankheit, einen Unfall oder ein Versagen ständig fürchten, und indem wir diese Angst über eine gewisse Zeitdauer hinweg kultivieren, werden Kräfte ermutigt, die diese gefürchteten Dinge materialisieren, wie zum Beispiel Gesundheit, Leistungen und Erfolg. Während Angst und Negativismus zerstören, helfen gute Gedanken und eine positive Haltung, zu erschaffen und zu entwickeln.

Es ist deswegen außerordentlich wichtig, beständig eine Haltung dynamischen Glaubens einzunehmen.

Sie können alle Rekorde brechen!

Die Menschen, die den inneren Antrieb haben, mehr aus sich selbst zu machen, sind besonders motivierte Menschen, die mit ihrer gegenwärtigen Leistung nie ganz zufrieden sind. Etwas feuert sie an, ständig neue Höhen zu erreichen, schwindelerregende Dimensionen, alte Höchstleistungen zu brechen und einen neuen Leistungsstandard zu setzen. Für Menschen, die einen tiefen Glauben haben, ist das Positive Prinzip und der Instinkt, aufzusteigen, ein und dasselbe.

Während ich dieses Kapitel schreibe, sitze ich auf dem Balkon des Mount Cervin Hotels in Zermatt, das meinem guten Freund Theodore E. Seiler gehört. An diesem Nachmittag strahlt die Sonne, und vor meinem Balkon erhebt sich das Matterhorn scharf und klar gegen den blauen Himmel. Wohl kein anderer Berg auf dieser Welt besitzt eine solche Schönheit und Romantik wie dieser große Steinfinger. Man sagt, es sei mehr als ein Berg, eine Präsenz, ohne grübelnde, ewig fesselnde Wesenheit. Die Männer, die an die höchsten Plätze der Erde gelangen wollten, hegten immer den Wunsch, das Matterhorn zu erklimmen. In früheren

Zeiten fürchteten sie, böse Geister zu stören, die angeblich in den Klämmen und Spalten wohnten und bereit waren, Eis und Stein auf jeden Eindringling zu werfen. Ungeachtet dieses alten Aberglaubens wurden viele Versuche gemacht, zur Spitze zu gelangen. Doch jahrelang gelang es niemandem, diesen geheimnisumwitterten Gipfel zu erreichen.

Dann verkündete der berühmte Bergführer Peter Taugwalder, man könne diesen unergründlichen Riesen von der Zermatter Seite aus erklimmen. Also machten sich zwei britische Bergsteiger, Edward Wyhmper und sein Gefährte, Lord Francis Douglas, auf den Weg zum Dorf. In Zermatt trafen sie Pfarrer Charles Hudson, der vielleicht bestbekannteste Alpinist seiner Zeit, der zehn Jahre zuvor als erster den mächtigen Monte Rosa erklommen hatte.

Sie organisierten ein Team von sieben Leuten, um das bisher unbesiegte Matterhorn zu besteigen; Whymper wurde Anführer. Aber ihre Freude war von kurzer Dauer. Beim Abstieg rutschte Hodow, ein knapp zwanzigjähriger, relativ ungeübter Bergsteiger, erschöpft von der langen Bergtour, ab und zog Croz, Hudson und Douglas mit sich hinab. Das schwache Hanfseil, das beide Seilgemeinschaften miteinander verbunden hatte, riß. Trotz übermenschlicher Bemühungen von Seiten Whympers und der beiden Zermatter Bergführer Taugwalder, stürzten die vier Männer über tausend Meter hinab in den Tod. Über hundert Jahre ruhten ihre Knochen irgendwo in der Weite des Berges. Das verfluchte zerrissene Seil können wir heute im Alpenmuseum in Zermatt sehen.

Während ich heute das Matterhorn betrachte, beeindruckt mich eine seltsame Tatsache, die mit dem Brechen von Rekorden zusammenhängt. Sobald einer als erster ein langersehntes Ziel erreicht und den Rekord bricht, kommen sofort andere mit dem gleichen Vorhaben und gehen sogar über diesen Rekord hinaus. Drei Tage nach der ersten Bezwingung des Matterhorns erschienen der berühmte Bergsteiger J. A. Carrell und seine Mannschaft, und sie erreichten den Gipfel von der gefährlichen italienischen Seite aus. Den ersten Bezwingern gehörte der Ruhm nicht lange.

Seitdem diese heroischen Männer den Weg gezeigt haben, haben viele Menschen das große Matterhorn bestiegen. Einmal erwiesen, daß es durchaus möglich war, folgten andere nach, denn das Beispiel der Pioniere hatte sie überzeugt.

Immer höher hinaus

Die Zeiten ändern sich, aber ändern sich auch die Menschen? Nach wie vor besitzen sie den Drang aufzusteigen. Hundert Jahre nach dem Tag der ersten Besteigung des Matterhorns saßen meine Frau und ich auf der Terrasse in Schwarzsee und schauten auf die Hütte am Rande des Berges, von wo aus im Morgengrauen alle Aufstiege beginnen. Ein junger Mann in Bergsteigerkluft setzte sich in unsere Nähe. Er erkannte uns und begann etwas verunsichert, über sich selbst zu sprechen. Er sah sich selbst in trübem Licht, als ein Versager, der es einfach nicht schaffen konnte.

»Ich möchte Dinge tun, etwas zustandebringen, ich möchte einen Erfolg aus dem Leben machen. Aber jedesmal, wenn ich es versuche, purzle ich wieder hinunter.«

Er sei jeden Frühling in der Schweiz gewesen und habe erst Hügel, dann kleine Berge, dann größere erklettert und jetzt wollte er den größten, das Matterhorn, in Angriff nehmen.

Der Junge schien nicht fortgehen zu wollen, obwohl der Nachmittag zur Neige ging und er seinen Bergführer bei Sonnenuntergang in der Hütte treffen sollte, um für den Start beim ersten Dämmern frisch zu sein. »Ich glaube wirklich, ich könnte es schaffen«, sinnierte er. »Ich muß es schaffen. Ich muß den Berg erklettern, denn wenn ich diesen Aufstieg schaffe, weiß ich, daß ich auch in anderen Gebieten aufsteigen kann.«

Er stand auf, schüttelte uns die Hände und winkte bestätigend, als wir ihm »Viel Glück, Gott segne dich« nachriefen. Nachdem er einige Meter gegangen war, kehrte er um und fragte verlegen: »Würden Sie mir einen Gefallen tun?«

»Natürlich, was immer du willst.«

»Dann beten Sie bitte für mich! Wenn ich etwas von dem Positiven Denken, über das Sie schreiben, mitnehmen kann, so werde ich sicher alles erreichen.« Wir schauten ihm nach, bis er um eine Ecke herum verschwand. Und er hat es geschafft! Er bezwang das Matterhorn, später eine Reihe anderer großer Berge.

Alle Zeitungen sind voll von dem Phänomen neuer Rekorde, Beweise eines festen Glaubens, der alle Schwierigkeiten überbrückt. Er ist auch eine machtvolle Hilfe, wenn Rückschläge uns zu entmutigen drohen.

Als ich anläßlich eines Vortrages im Osten des Landes den Saal durch die Bühnentür betrat und mich hinter der Bühne niederließ, um auf den Anfang zu warten, kam ein kräftiger, gutgebauter großer Mann auf mich zu und stellte sich als der Zeremonienmeister des Abends vor. Er war ein lebhafter Mensch, voller Kraft und Begeisterung, und mich beeindruckte sein positiver Geist.

Er erzählte mir, er sei im Vietnamkrieg Helikopterpilot gewesen. Er war niedergeschossen worden, und man hatte gemeint, er würde an seiner schweren Hirnverletzung sterben. Er wurde in ein Militärkrankenhaus in den Vereinigten Staaten verlegt und war schlimm dran. Arme und Beine konnte er nicht mehr bewegen; seine Sprachfähigkeit allerdings war nicht beeinträchtigt. Eines Tages sagte er zu seiner Frau: »Bring mir bitte ein Buch von Norman Vincent Peale, und lies es mir vor.«

Tag für Tag las seine Frau ihm von den machtvollen, kreativen und regenerierenden Prinzipien des Glaubens und des Positiven Denkens vor, bis dieser so schlimm verwundete Mann eine derart intensive Glaubensintensität entwickelte, daß er an die heilende Macht Gottes und seiner selbst glauben konnte. Allmählich war er auch überzeugt, er könne, trotz der entmutigenden Prognose, ganz geheilt werden.

Er wollte seinen Geist neu programmieren. Er würde mit der Macht des Geistes arbeiten, damit diese seinen verletzten Körper durch den tiefen Glauben an Gott und an sich selbst übernähme. Täglich übte er seine spirituellen Affirmationen. Langsam, langsam wurden Erfolge sichtbar; die Heilung begann. Dies ist ein Beispiel, wozu der Mensch in der Lage sein kann, wenn sein Glaube genug Substanz und Kraft hat!

Als ich später beobachtete, wie dieser erstaunliche Mann das Treffen mit Humor und Lebendigkeit leitete, wurde ich selbst nochmals in der Überzeugung bestätigt, daß tiefer Glaube über alle Schwierigkeiten siegt.

Hier nochmal eine Kurzfassung der Gedanken und Prinzipien dieses Kapitels:

- Ruhen Sie nicht, bis Sie die Allgegenwart Gottes spüren. Dann werden Sie keine Angst mehr haben.
- Merken Sie sich: Sie sind niemals allein. Ein Großes Etwas ist immer bei Ihnen.

- Glauben Sie daran: Sie sind größer als Ihre Probleme!
- Entwickeln Sie durch ständige Übung einen intensiven und tiefen Glauben.
- Lernen Sie meisterhaft alles Feindliche zu verweigern.
- Ordnen Sie Ihre Schwierigkeiten und Probleme. Der Rest geschieht ganz von alleine.
- Es gibt eine Beziehung zwischen tiefem Glauben und gesundem Menschenverstand.
- Üben Sie, bis Sie Meister in der Konditionierung Ihres Geistes geworden sind.
- Versuchen Sie immer Rekorde zu brechen.
- Erhalten Sie den uns eigenen Wunsch, »höher hinauszuwollen«.
- Programmieren Sie Ihr Denken neu! Werden Sie zum Ausüber des Positiven Prinzips in seiner tiefsten Form.

12 Es ist wichtig, neugierig zu bleiben!

Der Lebenswunsch ist im Bewußtsein eines jeden Menschen tief verankert. Das Leben bekommt durch Motivation und Inspiration Begeisterung und dynamischen Antrieb, Realität und Bedeutung.

Ich habe viele Bücher über inspirierende Themen geschrieben, viele Vorträge darüber gehalten. In dem Augenblick, wo die Menschen negative Haltungen aufgeben, suchen sie Inspiration und reagieren sie auf Begeisterung. Das Prinzip der Spannung, der neugierigen Aufregung ist eine vitale Qualität Positiven Denkens und Handelns. Inspiriert und begeistert, erreichen wir so eine höhere Ebene, die allem, was wir bisher erfahren haben, überlegen ist.

Aber es ist nicht immer leicht, ein solch hohes Niveau von Begeisterung und Inspiration zu haben und es zu erhalten. Man muß sich immer wieder neu inspirieren lassen. Es ist wichtig, neue Motivationen dazukommen zu lassen und sich in der Fähigkeit, mentale Prozesse zu kontrollieren und zu orientieren, zu üben. Motivierte Haltungen werden jeden Tag einem Bombardement von depressiven, finsteren und negativen Gedanken ausgesetzt. Es scheint, als gäbe es, wenn auch unbewußt, den Versuch, positive und hoffnungsvolle Haltungen zu unterminieren.

Vor einigen Jahren hörte ich einen Nachrichtensprecher in New York, der das Publikum mit den düsteren Worten: »Es gibt schlechte Neuigkeiten, Leute!« begrüßte. Normalerweise drücken die Nachrichtensprecher das nicht unbedingt so drastisch aus. Doch in gewisser Hinsicht sind sie professionelle Darbringer schlechter Nachrichten, professionelle Unterwanderer des Positiven Denkens.

Natürlich gibt es schlechte Nachrichten, sogar eine ganze Menge. Doch in den letzten Jahren hat man so viele davon gehört, daß man fast meinen könnte, es gäbe überhaupt keine guten Nachrichten mehr. Warum können all diese schlechten Nachrichten nicht mit kreativen Unterstreichungen begleitet werden, wie zum Beispiel: »Es gibt zwar heute schlechte Nachrichten, aber was soll's, wir haben alles, was wir brauchen, um die Dinge zu verbessern.«

Ich möchte nicht kritisieren. Mein Ziel ist, konstruktiv zu sein und einfach nur die Frage aufzuwerfen, warum wir uns nicht von vornherein mit den positiven Lösungen beschäftigen können.

Doch der einzelne, der ein höheres Niveau von Motivierung und Enthusiasmus erhalten möchte, muß sich in seiner Fähigkeit der Unterscheidung üben: Er muß vor allem mit dem Negativen kreativ umgehen können. Und er muß die Annahme zurückweisen, daß er ein Negativdenker sein muß, um »in« zu sein.

Da Enthusiasmus und positive Haltungen ständig unter dem Einfluß negativer und deprimierender Quellen liegen, ist es oft schwierig für den einzelnen, der unschlagbar sein möchte, die Begeisterung immer aufrechtzuerhalten.

Bewahren Sie Ihre gute Laune

Um in Schwung zu bleiben, müssen wir der Schwächung inspirierender Haltungen aktiv entgegenarbeiten. Dies geschieht, indem wir unsere Laune verbessern, indem wir frische, kraftvolle geistige Vitalität aufnehmen. Da die gute Laune unter ständigen Schlägen allmählich abnimmt, müssen wir uns geistig so organisieren, daß wir fast automatisch gute Laune auftanken können. Der kreative Faktor, der in diesen Prozeß verwickelt ist, befähigt unsere Gedankenmuster und unterstreicht das Prinzip der Spannung.

Ich muß an eine alte Dame denken, die uns kürzlich auf einem ziemlich holprigen Bergpfad in der Schweiz begegnet ist. Vornübergebeugt marschierte sie mit einer Art von beharrlicher Entschlossenheit voran. Ein Führer begleitete sie. Als wir uns begegneten, schaute sie uns unter ihrem altmodischen Hut mit leuchtenden Augen an. Statt des üblichen »Grüß Gott« sagte sie: »Bonjour, Madame, bonjour, Monsieur.«

»Bonjour, Madame«, sagten wir, worauf sie in einen französischen Redeschwall fiel. Daraufhin schwenkte sie ins Italienische über, dann ins Deutsche. »Sie sehen aus wie Amerikaner, vielleicht sprechen sie englisch«, lachte sie schließlich.

»Ja, Madame, ich spreche etwas englisch, amerikanischer Art.«

»Ich mag die amerikanische Art«, sagte sie, »sie ist so malerisch.«

Dann erzählte sie uns, daß sie fast neunzig Jahre alt sei.

»Sie sind eine tolle Frau«, kommentierte ich bewundernd. »Sie sprechen fließend vier Sprachen, haben einen wachen Verstand, haben keine Brille und klettern Bergpfade empor. Sagen Sie mir doch bitte, wie Sie das nur schaffen.«

»Wissen Sie«, sagte sie, »ich finde halt alles so spannend. Die Welt ist ein so großartiger Platz. Die Menschen sind so interessant. Ich wache jeden Morgen auf, als sei ich ein neugieriges junges Mädchen.«

»Wenn Sie damals alles so spannend fanden wie

heute, müssen Sie, als Sie jung waren, ein Feuerball gewesen sein.«

»Aber, Monsieur, ich bin noch jung. Mein Rücken ist freilich etwas krummer. Aber ich bin stark und gesund. Ich finde alles spannend, weil mein Geist ständig wach ist.«

»Sie meinen, Sie sind so in Form, weil Sie alles so aufregend finden?«

Mit einem breiten Lächeln erwiderte sie: »Oui, oui, Monsieur, genau. Ich bleibe mit dem – wie würden Sie das nennen – Prinzip der Spannung in Schwung. Das klingt gut – richtig gut. Das Prinzip der Spannung.«

Mit diesen Worten ging sie weiter den Pfad hinauf und schlug dabei mit ihrem Wanderstock resolut auf die Erde. Wir beobachteten sie noch eine Weile und staunten, wie großartig ein Mensch sein kann, wenn sein Geist stark und unverletzt bleibt. Ein solcher Mensch wird immer bei Laune bleiben, indem er das kostbare Geheimnis des Spannungsprinzips kennt.

Üben Sie, die Dinge spannend zu finden!

Um diese Fähigkeit zu erlangen, ist es, wie in allen Dingen, die man perfektionieren will, nötig, Übung zu haben. Es ist sinnvoll, sich immer vorzustellen, wie aufregend das Leben ist, wie großartig Ihre Arbeit, wie faszinierend alle Möglichkeiten sind.

Überall auf der Welt treffe ich aufregende Menschen, die nach diesem Prinzip leben. Eines Morgens frühstückte ich mit einem Mann in einem Hotel in Los Angeles. Das Café hatte eine hübsche kanariengelbe Farbe. Unsere Kellnerin trug ein Kleid in einem ähnlichen Ton. Aber was uns beeindruckte, war die gute Laune des Mädchens. »Guten Morgen, die Herren, ich werde Ihnen ein köstliches Frühstück bringen, das Sie auf diesen tollen Tag vorbereitet. Alles, was wir haben, ist gut. Lassen Sie mich Ihnen einfach etwas Gutes bringen.« Sie nahm noch nicht einmal eine Bestellung auf. Und wir waren so fasziniert, daß wir davon ausgingen, daß alles, was sie uns vorsetzen würde, einfach perfekt sei. Als wir das Restaurant verließen, sagte sie: »Denken Sie einen guten Tag und haben Sie eine guten Tag.«

»Wo haben Sie denn diesen tollen Gedanken her?« fragte ich sie. »Von Ihnen natürlich«, sagte sie strahlend, »eine Ihrer ›Taschenkarten‹ – ›Denken Sie einen guten Tag, planen Sie einen guten Tag, beten Sie einen guten Tag herbei.‹«

»Na, Sie haben diese Worte aber beträchlich verbessert.«

»Wenn ich übe, guter Laune zu sein, dann bin ich es auch.«

Die Übung der guten Laune kann jeden von uns aus der Flaute des Denkens herausholen.

Denken Sie aufgeregt! Sprechen Sie mit Spannung! Leben Sie Ihre gute Laune aus, und Sie werden automatisch ein angeregter Mensch sein. Ihr Leben wird neuen Pep bekommen, wird interessanter und bedeutungsvoller. Wir werden genau das, was wir ausüben, entweder traurig oder eben angeregt. Da es soviel wünschenswerter ist, angeregt zu sein, sollten wir dies täglich üben.

Ein Superverkäufer aus Sorrento

Besonders stolz bin ich auf die große Karriere von John Milano, den ich vor zwanzig Jahren in Sorrento kennenlernte. Er bediente meine Frau und mich.

Weil ich sofort den meisterhaften Verkäufer erkannte, fürchtete ich etwas um mein Budget. Tatsächlich verkaufte er meiner Frau eine ganze Menge. Während ich den jungen Mann beobachtete, bewunderte ich seine Kraft und den Charme seiner Persönlichkeit.

Ich fragte John, welches seine Ziele und Wünsche seien und er erwiderte mir, er wolle nach Amerika reisen. Er umriß mir voller Begeisterung und Klarheit seine Ziele.

Mein Interesse für diesen dynamischen Mann wuchs. Ich erzählte ihm von den Prinzipien der Visualisierung und erklärte ihm, daß ein Ziel, daß man beständig im Geiste sieht, sich allmählich zur Wirklichkeit entwickelt. Ich schlug ihm vor, die Kraft des Positiven Denkens auszuüben und immer wieder seinen Wunsch, ein amerikanischer Businessman zu werden, zu affirmieren. Weil ich mich selber begeisterte, fügte ich hinzu, er solle mich aufsuchen, wenn er nach New York käme, und ich würde ihm helfen, einen Job zu finden.

Nach ein paar Monaten erschien John tatsächlich in meinem Büro in New York. Es war vor Weihnachten, und ich schrieb den Direktoren der besten Männeroberbekleidungsläden einen zündenden Brief, in dem ich seine Qualitäten schilderte:

Sehr geehrte Herren!

In Sorrento lernte ich den begabtesten Verkäufer kennen, der mir jemals über den Weg gelaufen ist. Und ich kenne viele großartige Verkäufer. Dieser Mann ist jetzt in New York und sucht eine Stelle. Der erste, der auf diesen Brief antwortet, bekommt ihn.

Mit freundlichen Grüßen.

Ich erhielt sofort Antwort, und John bekam seine Stelle. Nach der Weihnachtssaison wurden die Aushilfen wieder entlassen. Nicht so John. Seine Verkaufsfähigkeiten waren erkannt worden. So vergingen die

Jahre, bis ich kürzlich einen Brief von John Milano erhielt, der jetzt Präsident der größten Hutfabrik dieses Landes ist. Wenn ich mich zum Ausgehen anziehe, was meinen Sie, wessen Hut ich trage?

Interessierte Menschen haben Spaß an Arbeit und der Verantwortung und sind fasziniert von dem, was sie tun.

Auf einer langen Vortragsreise traf ich Senator Everett Dirksen in einem der langen Gänge des Chicagoer Flughafens. Ich kannte ihn schon von früher; doch das lag viele Jahre zurück und ich war nicht sicher, ob er sich meiner überhaupt noch erinnern würde. Also stellte ich mich vor, »Mein Name ist –.«

»Das wäre ja noch schöner«, sagte er und nahm meine Hand in seine beiden Hände. »Norman Vincent Peale. Erinnern Sie sich noch daran, wie wir eines Abends zusammen gesprochen haben? Ich weiß noch, was Sie in Ihrer Rede sagten.«

»Wie können Sie sich nur so genau an eine Gelegenheit erinnern, die viele Jahre zurückliegt?«

»Weil ich interessiert war, Norman«, erwiderte er. »Ich bin immer interessiert. Für mich wird jedes Erlebnis lebendig und prägt sich für immer in meinen Geist ein.« Everett Dirksen war sicherlich einer der größten öffentlichen Redner Amerikas, ein aufregender, dynamischer Sprecher. Sein Geheimnis war sein eifriges und tiefes Interesse an Menschen und Dingen.

Und plötzlich öffnete sich der Himmel

Wenn ich auf einer Landstraße eine Menge Lastwagen vor einem Restaurant geparkt sehe, halte ich immer zum Essen an, denn diese Männer wissen meistens, wo man gut ißt. Eines Nachts saß ich neben dem Fahrer eines schweren Lastwagens, und wir kamen bald in ein angeregtes Gespräch. Dieser Mann war voller Witz und Lachen. Als ich mich vorstellte, schien mich dieser heitere Zeitgenosse zu kennen.

»Über Jahre hinweg habe ich wohl mehr Zement gesehen als irgendein anderer. Tag für Tag, Nacht für Nacht, immer das gleiche. Endlose Meilen Zement oder Teer, so monoton, weit weg von Zuhause, schreckliche Absteigen, das ewige, ewige, ewige Davon, ließen es mich hassen. Was für ein langweiliges, ödes, ereignisloses Leben. Ich konnte es nicht ausstehen. Dann abonnierte unser Boss Ihre Zeitschrift *Guide Posts* für alle seine Angestellten. Ich gewöhnte mir an, sie auf meine Reisen mitzunehmen. Die Geschichten über Menschen, die Glück und ein aufregendes Leben dadurch fanden, daß sie Gott nahegekommen waren, begannen, auf mich Eindruck zu machen. Ich hatte nie viel gebetet, außer, wenn ich in Schwierigkeiten war. Gott war für mich nur ein Name. Ich muß sogar gestehen, fast nichts anderes als ein Fluch.

Eines Nachts, als ich eine große Landstraße hinabfuhr, begann ich auf einmal mit Gott zu sprechen, so, als führe Er neben mir im Laster mit. Ich öffnete Ihm mein Herz und erzählte Ihm alles. Ich hatte das Gefühl, Er hörte mir zu. Es kam mir wirklich so vor.

Und dann plötzlich öffnete sich der Himmel – ich war glücklicher als jemals in meinem Leben zuvor. Ich begann zu weinen und zu singen. Keine Ahnung, was mit mir los war, aber plötzlich war ich ein anderer Mann. Seither war ich eigentlich immer glücklich. Jetzt mag ich meinen Job, denn Gott rollt mit mir über die Straßen. Jede Nacht, jeden Tag, den ganzen Weg entlang.«

Von wegen Aufregung! Dieser Mann *war* die lebende Verkörperung des Spannungsprinzips! Ich schaute ihm voller Hochachtung nach, als er mit seinem Lastwagen in die Nacht hineinbrauste. Und ich wiederholte diesen vibrierenden Satz: »Plötzlich öffnete sich der Himmel.«

Faszination und Kitzel

Im vierten Kapitel sprach ich über die Bedeutung, den Enthusiasmus bis ins hohe Alter hinein zu bewahren. Die Ausübung des Spannungsprinzips ist sicherlich genauso lebenswichtig, ganz gleich, wie alt man ist. Solange der Geist voller Pep ist, kann man voller Vitalität leben. Es gibt keinen logischen Grund, warum die Lebenskraft eingeschränkt sein oder nachlassen sollte, wenn nicht irgendeine zerstörerische physische Behinderung eintritt. Doch auch dann waren viele Menschen durchaus in der Lage, das Positive Prinzip weiterhin auszuüben, indem sie den Geist über den Körper siegen ließen.

Wie lächerlich ist doch diese ungesunde Sorge der Amerikaner mit ihrem Alter! Kaum finden sie ihre erste Arbeit, schon denken sie daran, wann sie sich zurückziehen und was für eine Rente sie beziehen werden. Das Ende des Wegs ist in ihre Arbeitspsychologie schon mit eingebaut. »Zehn Jahre noch bis zur Pensionierung.« »Nur noch fünf Jahre, dann bin ich auf dem Abstellgleis«, so heißt die traurige Melodie. Wenn jemand länger arbeiten will, wird er gewarnt. »Nimm es bloß leichter, tu bloß weniger, denk daran, du bist auch nicht mehr der Jüngste.«

Ich selbst bin noch nie auf den Gedanken gekommen, mich zurückzuziehen, oder nicht mehr so viel zu arbeiten. Natürlich mache ich vielleicht nicht mehr alle die verschiedenen Arbeiten, die jahrelang meine

Zeit in Anspruch genommen haben, doch Aufhören wäre ganz unvorstellbar. Ich habe vor, weiterhin interessiert, aktiv, aufgeregt und bei der Sache zu bleiben. Von wegen nachlassen, langsamer werden! Im Gegenteil, ich werde jeden Tag vollen Einsatz leisten.

Wenn ein Job aus irgendeinem Grund zu Ende ist, finden Sie einen anderen! Auch wenn es sich um ein anderes Gebiet handelt. Viele der Menschen verbrachten ihre glücklichsten Jahre mit Aktivitäten, die mit ihrer Arbeit gar nichts zu tun hatten. Nur diese Einstellung wird den kreativen Wunsch und das Glück auf hohem Standard erhalten. Warum aufhören? Die Lebensspanne scheint doch viel zu kurz dazu.

Viele große Menschen haben den gleichen Gesichtspunkt: das Alter zu vergessen und immer mit dem positiven Vitalitätsprinzip zu leben.

Einer meiner Freunde, Direktor einer Versicherungsgesellschaft, näherte sich dem Pensionierungsalter. Auch sein Geist alterte, denn er dachte an nichts anderes. Dann hatte er eine wesentliche spirituelle Erfahrung und erstaunte alle, wie er plötzlich wieder die Aufregung spürte, die ihn in früheren Jahren charakterisiert hatte.

Als er sich zurückzog, zog er in ein kleines Dorf und begann, allerlei Aktivitäten aufzunehmen. Er fand zwei Kumpel, wie er pensionierte Männer – ein Ingenieur und ein Buchhalter. Alle drei konnten sie geschickt mit Werkzeug umgehen und brachten mit ihren Händen alles zustande, was sie sich vornahmen. Alle drei nahmen sie an der Kirchen- und Gemeindearbeit teil. Sie verwandelten einen alten Schuppen, der der Kirche gehörte, in ein Freizeitheim. Die Pferdeställe wurden zu Klassenzimmern, der Heuschober zu einer großen Bühne für Theater. Als mein Freund kürzlich bei mir Zuhause vorbeikam, lud ich ihn ein, über Nacht zu bleiben. »Danke, würde ich schrecklich gerne, kann aber nicht. Ich muß rechtzeitig nach Hause kommen, weil wir morgen ein Projekt beginnen.« Mit diesen Worten war er auch schon verschwunden. Er hinterließ Kraft, Fröhlichkeit, Interesse. Laut ihm ist alles großartig. »Meine einzige Klage ist, daß ich manchmal keine Zeit habe.« Er jedenfalls erhält das Spannungsprinzip wunderbar aufrecht.

Denken Sie »Zukunft«!

Das Positive Prinzip denkt nie in vergangenen Dimensionen, sondern immer in der Zukunft. »Das Beste kommt noch«, ist sein poetischer Ausdruck.

Überall hört man heutzutage diesen trübsinnigen Satz: »Mir reicht's.« Dies bedeutet: »Mit mir ist nichts mehr anzufangen, meine Zukunft liegt hinter mir, ich habe nichts mehr zu erwarten.«

Doch dem Zukunftsdenker reicht es nie. Er ist immer irgendwo da draußen, wo die große Aufregung ist, der große Kitzel, das tolle Ziel.

Dr. Harry George Thomas, Vater meines Freundes und Nachbarn, Lowell Thomas, besaß die gleichen dynamischen Eigenschaften, die sein weltberühmter abenteuerhungriger Sohn so gut demonstriert hatte. Mit zweiundachtzig Jahren schrieb sich Dr. Thomas als Student an der Universität ein. Er war ein so guter Student, daß man ihn bat, Lehrer und Fakultätsmitglied zu werden, bis die Autoritäten der Universität entdeckten, daß Dr. med. Thomas vierundachtzig Jahre alt war, neunzehn Jahre älter als das Pensionierungsalter! Dr. Thomas war natürlich ein Zukunftsdenker und praktizierte die Macht des Positiven Denkens in seiner sogenannten Pensionierung.

Leben Sie Ihr Leben und vergessen Sie Ihr Alter!

Diese Menschen basieren ihre Aktivität auf dem wesentlichen Prinzip. »Lebe dein Leben und vergiß dein Alter«. Sie bleiben nicht in Gedanken an das Alter stecken. Ihrer geistigen Haltung nach haben sie gar kein Alter. Ihre mentale Ausrüstung arbeitet im Jetzt. Sie sind »Gegenwartsmenschen«. Sie nehmen sich so an, wie sie sind und tun weiterhin, was sie immer getan haben. Sie kümmern sich nicht um das Datum ihrer Geburtsurkunde.

Bitte bekommen Sie nicht den Eindruck, daß ich mir des Schmerzes und des Kummers menschlicher Existenz nicht bewußt sei! Ich habe nicht umsonst viele Jahre lang sehr nahe mit Menschen zu tun gehabt, um nicht zu wissen, daß man im Leben nicht auf Rosen gebettet ist. Und dennoch glaube ich, daß man durch die Übung des Positiven Prinzips schwierige Augenblicke und Probleme überwinden kann.

Als kürzlich die Frau eines Freundes starb, war er natürlich am Boden zerstört. Aber ich war beeindruckt durch die Tiefe seines geistigen Sieges über seinen großen Verlust und seinen Kummer. Er erzählte mir, er habe kurz nach ihrem Tod ihre Gegenwart ganz deutlich »gespürt« und sie »durch sein inneres Ohr sprechen hören«. Er bedankte sich bei ihr, weil sie gekommen war, ihn zu trösten und sagte einfach: »Komm bitte bald wieder zu mir«, worauf sie antwortete: »Wieso, ich bin doch sowieso immer bei dir.«

Als man ihn fragte, ob er diese Erfahrung für *wirklich* hielt, antwortete er nur: »Ich bin ganz aufgeregt zu wissen, daß sie lebt. Sie ist nicht tot, sondern sie lebt. Ist das nicht großartig?« Ein solcher Gedanke wird denen geschenkt, die das Positive Prinzip ausüben.

Um die Gedanken in diesem Kapitel zusammenzufassen:

- Bleiben Sie der Inspiration, Motivation und Begeisterung weit geöffnet.
- Bleiben Sie sehr aufmerksam – Bleiben Sie scharf und gewitzt.
- Machen Sie sich ein Programm, wie Sie Ihre Positiven Haltungen erneuern und revitalisieren können. Erlauben Sie Ihren Reaktionen nie, langweilig und farblos zu werden.
- Entwickeln Sie einen starken geistigen Schild, um sich vor dem Bombardement negativer Gedanken zu schützen.
- Stimulieren Sie Ihr Interesse.
- Leben Sie Ihr Leben und vergessen Sie Ihr Alter.
- Bleiben Sie mit der geistigen, wiedererschaffenden Kraft in Verbindung, und Sie werden das Positive Prinzip immer und ewig aufrechterhalten können.